호모 에고이스트

HOMO
호모 에고이스트
EGOIST

| 정인호 지음 |

KSAM

호모 에고이스트

발행일	2020년 11월 23일 초판 1쇄
지은이	정인호
발행인	이동선
편집	노지호, 박우현, 김효윤
마케팅	김정화
디자인	나인플럭스
발행처	한국표준협회미디어
출판등록	2004년 12월 23일(제2004-000350호)
주소	서울특별시 강남구 테헤란로69길 5, 3층(삼성동)
전화	02-6240-4890
팩스	02-6240-4949
홈페이지	www.ksamedia.co.kr

ISBN 979-11-6010-049-5 03120
정가 15,000원

인간은 이성적인 존재라기보다는 이기심을 내세우는 존재다.
인간은 누구나 자신의 이해관계에 있어서는 한결같이 실질적이고,
다른 사람들에 관련된 일에 있어서는 이상주의자가 된다.

- 칼릴 지브란 -

Contents

Prologue

위기일수록 인간의 이기심은 더욱 두드러진다. 코로나19로 인간이 얼마나 이기적인 존재인가를 새삼 느낀다. 각 나라가 국경을 닫고 사회적 거리두기를 지속했음에도 감염증의 기세는 여전히 매섭다. 자가격리 대상자임을 알면서도 "나는 괜찮아!" 자가 확신하며 돌아다니는 예비 확진자와 확진자들, "시위에 참석하면 하나님이 고쳐 주신다"라는 망언을 전파하기 위해 광화문 광장에 모인 종교적 숙명론자들을 보며 인간의 본성이 타인의 고통에 얼마나 무관심하고 자신의 쾌락을 위해 언제든 타인을 희생시킬 수 있음을 입증하고 있다. 과거에 에볼라, 사스, 메르스 사태를 비롯하여 이번 코로나19 바이러스 감염병 사태의 근본이자 공통의 원인도 인간이 자연의 순리와 습성을 깨트리고 욕망을 채우려는 이기심 때문이다.

분명 인간은 이기적인 존재다. 찰스 다윈이 '종의 기원'에서 주장했고, 리처드 도킨스가 '이기적 유전자'에서 강조했다. 그런 인간들이 모인 사회는 더 이기적이다. 권력과 명예 그리고 무엇보다 부의 축적이 자신의 행복을 가져다준다고 어릴 때부터 배워왔다. 부모와 학교는 그런 것들이 인간의 본질적인 행복을 가져다줄 마술지팡이라고 가르친다. 그도 그럴것이 대한민국 경제경영 분야의 도서판매량 상위권은 항상 부자되는 법과 관련된 책이다. 이런 종류의 책을 읽고 "부자됐다"는 사람을 들어 본 적이 있는가? 그럼에도 불구하고 인간은 자신의 이기적 목적을 위해 하루하루를 연명한다.

　자신의 이익이 최우선인 인간은 짐승보다 더 잔인하다. 배부른 맹수들은 초식동물이 가까이 지나가도 더 이상 사냥을 하지 않는다. 맹수들이 목숨을 부지하는 것은 사냥을 잘하는 능력 때문만이 아니다. 역설적이게도 배가 부를 때 사냥하지 않고 초식동물의 무리가 살아갈 수 있도록 놓아두는 그들만의 포용력이 있기 때문이다. 하지만 인간은 더 이상 소화할 수 없는 양의 부와 권력을 축적해 자신도 어떻게 용신할 수 없는 초고도 비만환자로 전락한다.

　문제는 여기서 끝이 아니라 시작이다. 부와 권력을 가진 자들이 넘쳐날수록 자신을 위한 법을 만들고, 자신들이 쥔 기득권을 유지하기 위해 다수를 억압한다. 경제적 가치의 몫뿐만 아니라 인간의 자유로운 삶의 영역도 줄어들게 만든다. 예를 들어 부자들이 해변을 소유하면 일반 사람들은 그 해변을 경험할 기회를 박탈당하게 된다. 왜냐면 일반 사람들의 출입을 금지시키기 때문이다. 이는 '경험의 상실'이다. 2019년 광화문집회로 대한민국이 두 조각 난 원인도 경험의 상실, 기회의 불균등성에서 기인되었다.

　이 책은 역사, 경제, 정치, 사회 등 다양한 분야에서 나타나는 인간의 이기성을 실제 사례 중심으로 설명했다. 아울러 그런 이기성이 나타나는 인간의 본질적인 심리적 현상들을 파헤치려고 최대한 노력했다. 도널드 트럼프가 좋아하는 색깔이 무엇인지, 스티브 잡스는 되고 쿠르디는 왜 안되는지, 페이스북, 구글 같은 IT기업이 전통기업에 비해 왜 이기적인지, 광화문 광장에 모인 종교적 숙명론자들이 과거에는 어떠했는지, 드라마 〈부부의 세계〉가 왜 흥행했는지, 유일하게 거짓말하지 않는 곳은 어디인지 등 인간의 이기적 행동에 그림과 미학적 개념을 추가했다.

이 책은 인간의 이기성에 대한 담론이다. 성선설과 성악설의 논쟁을 위한 책이 아니다. 그렇다고 어느 한쪽에 정답이 있다는 것도 아니다. 무엇보다 타인보다 나은 삶, 생존에 유리한 것을 극대화하려는 성악설에 당위성을 갖고 정리되었다. 코로나19로 길어지는 공백 앞에서 대부분의 사람들은 속수무책이었다. 이럴 때 일수록 부정적 상황들을 제대로 들여다보고 이해하지 않는다면 코로나19가 지나가도 결코 새로워질 수 없다. 마찬가지로 인간의 이기성을 제대로 관찰하고 분석하지 않는다면 창조시대에 걸맞는 이타적 문화를 구축하는 것은 더욱 어려워질 것이다.

그런 의미에서 이 책은 또 다른 제목이 있다. '호모 에고이스트Homo Egoist'라는 제목에 또 다른 미래적 대안은 '호모 코퍼레이터Homo Cooperator'다. 이 제목은 역설적이게도 정반대 의미로 들리지만 이 책을 통해 양극화, 부의 배분, 현대판 노예제도, 감춰진 양심 등 갈수록 심화되는 이기적인 인간의 현상을 드러내고 자각함으로써 자기성찰을 담고 있다. 이타성은 현명한 이기성이다. 현명한 이기성은 이기적 욕망의 족쇄로부터 자신을 해방시켜 협력의 길을 제시한다. 결국 우리가 선택해야 할 최선의 삶은 내 안에 잠들어 있는 '이타적인 나', 즉 '호모 코퍼레이터'를 깨우는 데 있다.

2020년 11월, 정인호

평등,
변함없는 인간의 두 얼굴

민주주의는 조건의 평등을 보장하지 않는다.
민주주의는 오직 기회의 평등만을 보장할 뿐이다.
하지만 현실은 기회의 평등조차 보장하지 않는다.

- 어빙 크리스톨 수정 -

좀비보다 추악한 인간

2016년 개봉한 영화 『부산행』은 누적 관객수 11,567,662명으로 역대 한
국영화 흥행 순위 11위다. 영화의 내용은 이렇다. 정체불명의 좀비 바이러
스가 전국으로 확산되면서 대한민국 긴급재난경보령이 선포된 가운데, 열
차에 몸을 실은 사람들은 단 하나 남은 안전지역인 부산까지 살아가기 위
한 치열한 사투를 벌인다.

영화를 본 사람들은 알겠지만 『부산행』은 비극적인 세계관을 담고 있다.
국가는 개인을 보호해줄 수 없고, 결국 개인을 보호해줄 수 있는 가장 기본
적인 사회 단위는 가족이다. 가족을 지키고 싶은, 지켜야만 하는 사람들의
극한의 사투 속에 인간의 이기성을 비극적으로 보여준다. 일단 나만 살고
보자는 이기심은 부산행에 탑승한 모든 사람들을 죽음으로 몰아넣는다.

재밌는 일은 동·서양을 아울러 50년 이상 좀비가 다양한 변종으로 진화
하면서도 일정한 원칙이 있음을 볼 수 있다. 그것은 '좀비는 다른 좀비를

죽이지 않는다'는 것이다. 오히려 좀비끼리 협력해서 인간을 공격한다. 하지만 인간은 잠재적 이기성과 자기중심적 사고로 모두를 파국으로 치닫게 한다. 이러한 인간의 이기심은 좀비보다 추악하다.

비단 이런 현상이 영화에서만 존재하는 것은 아니다. 2017년 2월 스페인 남부 해안에 죽은 향유고래가 떠밀려 왔다. 죽은 고래의 몸속에는 29kg의 플라스틱이 들어 있었다. 2015년 코스타리카 해안 지역에서는 멸종위기에 처한 바다거북의 콧구멍 안에 10.16cm의 플라스틱 빨대가 박혀 있었다.

카리브해 도미니카공화국의 아름다운 산토도밍고 해안에 각종 플라스틱 쓰레기가 해일처럼 밀려오기 시작했다. 500명의 인력이 하루 60톤씩 수거하고 있지만 또 그만큼이 밀려온다. 유엔환경계획에 따르면 매년 800만 톤의 플라스틱이 전 세계 바다에 버려진다. 이것은 평균 4톤정도인 코끼리 200만 마리에 해당하는 무게다.[1] 태평양을 떠도는 쓰레기 섬 중 어떤 것은 크기가 한반도의 약 6배에 달할 정도다. 특히 미세 플라스틱은 환경호르몬과 갖가지 화학성분을 내뿜는다. 또한 바다에 존재하는 여러 가지 독성이 잘 흡착되는 독한 성격을 갖고 있다. 더 무서운 이야기는 이런 미세 플라스틱을 바다 먹이사슬의 최하층에 있는 크릴새우, 플랑크톤 등이 먹으면 그 미생물들은 인간이 주로 먹는 물고기의 먹이가 된다. 인간의 이기심에서 추락한 플라스틱이 매섭게 우리의 입속으로 들어오고 있다.

하지만 동물은 꼭 필요한 만큼만 자연을 이용한다. 필요한 만큼 둥지를 짓고 자취를 남긴다. 자연의 법칙들은 인간들이 만든 것이 아니며, 결코 인간에 의해 폐지 및 통제될 수 없다. 동물보다 못한 인간은 자연의 법칙에 의해 지배되어야 하는 사실을 망각한다. 인간은 자연법칙을 무시하고 인간이 만든 어리석은 법칙과 이기적 온상들이 그것을 대체해 자신들을 위험에 빠뜨린다.

다음 그림에서 16세기 정육점의 위엄을 보자. 암스테르담에서 태어나 안트베르펜에서 활동한 피테르 아르트센Pieter Aertsen이 그린 작품이다. 아르트

● 피테르 아르트센, 〈자선을 베푸는 성가족이 있는 정육점〉, 1551년, 나무판에 유채, 115.6×168.9cm, 롤리 노스캐롤라이나 미술관

센의 『자선을 베푸는 성가족이 있는 정육점』 그림은 활기찬 시장의 고기가게를 생생히 묘사했다. 아니 생생하다 못해 소름이 돋을 정도다. 방금 도살한 듯한 각종 날고기가 판매대에 넘치도록 가득 진열돼 있다. 그림의 왼쪽에는 세로로 쪼갠 돼지 몸통이 걸려있고 그 밑에는 절단된 살코기가 보인다. 소머리 바로 위에는 접시에 생선 두 마리가 십자형으로 포개져 있고 옆에는 두 종류의 소시지 더미가 늘어져 있다. 그 위쪽 높이 걸린 가로대에는 돼지머리와 내장 등 부위별로 나뉜 고기들이 매달려있다. 그림 오른쪽 아래에는 목이 늘여진 두 마리 닭과 치즈가 바구니에 담겨있고 앞쪽 맨 밑에는 팬케이크와 수프도 보인다. 특히 잘린 소머리는 일부분만 남고 가죽이 벗겨져 붉은 피와 살이 드러나 있고, 부릅뜬 눈과 털에 덮인 모습이 마치 살아있는 것 같아 섬뜩한 느낌을 준다.

하지만 이토록 풍성한 육류 더미에 시선을 빼앗기면 그림의 의미를 놓치게 된다. 화면 중앙, 먼 거리의 풍경에는 걸인들이 줄을 서 있고 그 가운데 성聖가족이 있다. 성요셉은 지금 유대왕 헤롯의 영아 학살을 피해 성모 마리아와 아기 예수를 나귀에 태우고 이집트로 피신하는 중이다. 그 와중에 성모 마리아는 한 손에 갓난아기를 안고도 얼마 남지 않은 빵을 떼어 구걸하는 젊은이에게 나눠주고 있다. 한편, 그림의 오른쪽에 붉은 겉옷을 입고 포도주를 준비하는 사람은 정육점 주인이다. 바닥에 굴 껍데기가 흩어져 있는 것으로 보아 안쪽의 술집에서 파티가 진행되는 모양이다.

그런데 이 작품은 놀랍게도 정물화가 아니라 종교화다. 고기는 도살의 결과물이므로 정육점은 죽음으로 뒤덮인 세계다. 죽은 고기는 덧없는 육신의 죽음을 제시함으로써 영생을 위해서는 육체적 탐욕을 버리고 정신적 삶을 추구해야 한다는 의미를 강조한다. 성가족이 이집트로의 도피를 하는 와중에도 어려운 사람을 도와주는 성모의 자애로움은 식탐과 과욕으로 몸을 살찌울 것이 아니라 겸허한 태도와 나누는 마음으로 영혼을 살찌우라는 교훈이 담겨져 있다.

인간의 육체적 탐욕과 추악한 이기적 행동의 절정은 자본주의 출현과 공급과잉에 기인한다. 공급과잉은 이미 1970년대부터 시작되었으며 18세기 중엽 산업혁명이 일어나면서 전 세계적으로 확대되었다. 산업혁명의 특징은 농업중심사회에서 공업사회로 이행되면서 그 과정에서 공장이 탄생하였고, 공장은 기계와 분업을 통해 대량생산을 만들어냈다. 이렇게 쏟아져나온 막대한 양의 생산물이 화폐경제를 만나면서 필연적으로 자본주의가 탄생하게 되었다.

자본주의는 대량생산설비를 바탕으로 대량생산을 가능하게 했고, 그 특징이 오늘날 공급과잉이라는 자본주의의 특성을 낳았다. 기계화된 공장은 인간의 의지를 넘어 끊임없이 가동된다. 과거 중세시대에는 물건을 원하는 고객이 미리 공급자에게 필요한 물품을 주문하고 완성된 이후에 받을 수 있었다. 즉 수요가 있는 만큼 물품이 공급되었다. 하지만 산업혁명 이후 공장은 고객의 주문이 있기 전에 미리 물품을 대량생산한다. 물품이 필요한 고객은 물건이 나올 때까지 기다릴 필요없이 언제든 시장에서 물품을 구입하면 된다. 이러한 현상이 오늘날 구입하려는 욕구보다 이미 생산된 물품이 더 많은 공급과잉의 자본주의다.

자본주의 사회는 언제나 공급과잉의 상태에 놓인다. 백화점, 할인마트, 동네 슈퍼에 가도 수많은 물품들이 전시되어 있다. 그런데 지속적인 공급과잉 상태에 놓인 자본주의 국가들은 수요를 늘리기 위해 새로운 시장을 개척해야만 했다. 17~19세기 시장을 개척하는 가장 좋은 방법은 식민지를 만드는 것이다. 당시 유럽의 강대국은 식민지를 차지하기 위해 세계로 뻗어나갔다. 영국은 인도를 식민지로 확보한 것을 시작으로 아시아, 중동, 아프리카, 오세아니아, 북아메리카 등 전 세계 100여 곳을 지배하는 대영제국을 건설했다. 프랑스는 아프리카로, 스페인은 필리핀, 남미로 식민지를 만들어 원료를 공급받고 자국에서 만든 생산품을 강제로 판매했다.

특히 영국은 인도를 식민지화한 후에 자국의 면직물을 인도에 판매하고 그 대가로 아편을 받았다. 그리고 받은 아편을 중국에 판매해 그 대가로 홍차와 막대한 부를 축적했다. 약소국인 인도는 영국의 면직물 산업에 종속되면서, 많은 자원과 부를 영국에 빼앗겼다. 당시 영화 『간디』에서는 간디가 주민들과 함께 방직공장을 태우고 수공 직물방직으로 돌아가 스스로 제작한 옷을 입자는 운동을 펼쳤다. 이는 오늘날 과학기술이 얼마나 중요한지 간과한 간디의 근시안적 시각도 읽을 수 있지만 무엇보다 영국산 면직물에 대한 거부와 영국 제국주의에 대한 저항을 상징한다. 힘 있는 유럽의 국가들은 식민지를 확보하면서 공급과잉의 문제를 해결할 수 있게 되었다.

이 과정에서 주목해야 될 나라가 바로 독일이다. 독일은 주변국에 비해 절대왕정의 성립이 늦었다. 그 결과 근대화의 시발점이 늦어지고 근대화의 후진성을 보이게 되었다. 독일은 영국보다 봉건제도의 성립이 오래 지속되었고 그 강도도 매우 강했다. 또한 지리적 위치와 자원적인 면에 있어서도 불리했고 계속된 내전으로 산업화를 추진할 여력도 없었다. 뒤늦게 통일된 독일은 산업화가 됨에 따라 자본주의 사회가 정착되었고, 당연히 다른 산업화된 국가들과 마찬가지로 공급과잉의 문제를 해결하기 위해 새로운 시장을 확보해야 했다. 그런데 문제가 생겼다. 더 이상 식민지를 차지할 곳이 없게 된 것이다. 이미 산업화된 열강들이 식민지를 모두 차지했기 때문이다.

모름지기 세상은 험해도 죽으라는 법은 없는 법, 독일에게 기회가 찾아왔다. 1914년 6월 28일, 긴장이 고조되는 발칸의 일각, 보스니아의 사라예보에서 오스트리아 육군 대연습의 통감統監으로 이 곳을 방문한 오스트리아의 황태자 페르디난트 부부가 세르비아의 참모본부 정보부장이 밀파한 7명의 자객 가운데 G.프린치프의 흉탄에 맞아 피살되었다. 오스트리아는 이 사건을 이용하여 세르비아를 타도하고, 발칸에서의 열세를 일거에 만회하고자 하였으며, 독일도 그것을 지지하였다.

문제 발단의 종래 정설은 독일이 오스트리아에 끌려서 전쟁에 말려들었다고 보았으나 근년의 연구로는 세르비아에 대한 강경방침을 내세우면서도 주저했던 오스트리아의 지도자를 격려하고, 오히려 빨리 전쟁을 개시하도록 압력을 가한 것이 독일이었음이 밝혀졌다. 독일의 정부와 군부 지도자가 오스트리아와 세르비아의 전쟁이 러시아나 프랑스까지도 끌어들이는 유럽전쟁으로 될 것을 충분히 알면서도 이와 같은 강경방침을 선택한 것은 깊어져 가는 국제적 고립과 공급과잉으로 인한 새로운 시장 진출의 한계에 부닥친 위기를 타개하기 위함이었다. 독일에게는 절호의 기회가 아닐 수 없다. 이 사건을 빌미로 오스트리아는 세르비아에, 독일은 러시아에 선전포고를 하게 된다. 이것이 제1차 세계대전의 서막이다.

공급과잉의 문제는 시장 및 수요 확대, 즉 식민지를 통해서만 해결할 수 있다. 그런데 다른 열국이 모든 식민지를 지배하고 있다면 어떻게 해야 할까? 힘으로 빼앗아 오면 된다. 그것이 전쟁이고, 그런 전쟁을 위해서는 명분이 필요하다.

제1차 세계대전으로 인하여 30여 개의 국가에서 15억 명 정도의 인구가 전쟁에 직·간접적으로 참여하면서 사망자 900만 명, 부상자도 2,200만 명 이상이나 되었다. 금전적 피해도 천문학적 수준으로, 참전한 모든 나라의 전쟁비용은 3,000억 달러에 달했다. 특히 비행기, 탱크, 원거리 대포, 독가스 등과 같은 신무기의 등장은 전쟁의 비인간성을 부각시켰다. 좀비도 하지 않는 인간의 이기성이 인간을 잡아먹는 형국을 만든 것이다.

그런데 만약 독일이 산업화를 유지하기 위한 공급과잉의 문제에 봉착하지 않았다면 전쟁을 원했을까? 전쟁은 일부 국가들에게 막대한 부를 창출

해준다. '최대 다수의 최대 행복'인 공리주의의 철학이 아닌 '절대 소수의 최대 행복'이라는 명분 전쟁이다. 오늘날에도 끊임없이 이어지는 전쟁은 언제나 자본주의 국가들을 유혹한다.

1990년대 중반 중국이 본격적으로 세계시장에 진출하면서 세계경제의 공급과잉 현상은 더욱 심화되었다. 여기서 '과잉'이란 총수요, 즉 사회 구성원 전체의 수요가 아닌, 유효수요를 말한다. 돈을 주고 물품을 구매할 능력이 있는 사람에게만 국한된 것이다. 따라서 공급과잉 상황에서도 기아와 빈곤이 지속적으로 존재하는 이유가 바로 여기 있다.

2018년 대한민국에 기상관측을 시작한 1907년 이후 111년 만에 가장 더운 날씨가 찾아왔다. 기록적 폭염으로 인해 2018년 8월 1일 기준 온열질환자는 총 2,549명이 발생했고, 그 중 30명이 사망했다. 지난해 같은 기간에 비해 환자수는 2.8배, 사망자는 5배가 늘었다. 국립재난안전연구원은 2029년 폭염사망자는 100명, 2050년엔 260명선까지 증가할 것으로 예측했다. 이러한 상황은 전 세계적으로 나타났다. 일본, 아르헨티나, 불가리아, 스페인, 포르투갈, 우루과이에서는 연중 최고기록을 갈아치웠고, 특히 포르투갈과 스페인 등 서유럽 일부 국가는 낮 최고 기온이 45도인 사하라 사막의 수준을 기록했다.

이러한 폭염에도 불구하고 전 세계 인구의 4분의 1 이상이 전기를 사용하지 못한다는 것이다. 5분의 2는 아직도 옛날부터 전해오는 동식물의 폐기물을 기초 생활 에너지로 쓴다. 전력을 쓰지 못하고 사는 사람들의 수가 앞으로 수십 년 동안 줄어들기는 하겠지만 2030년에도 전기를 쓸 수 없는 사람들이 여전히 14억 명에 이를 것으로 예상된다. 그리고 목재와 농작물 찌꺼기, 동물 배설물을 조리와 난방 연료로 사용하는 사람들의 수도 실제로 늘어날 것이다.[2] 세계경제대국 1위인 미국도 빈곤은 엄혹한 현실로 존재한다. 미국 어린이의 절반이 정부가 저소득층에게 제공하는 식료품 할인 구매권으로 배고픔을 해결한다. 미국 가구의 약 15퍼센트는 한 해의 어떤 시점에 가족의 끼니를 걱정해야 한다.[3]

공급과잉은 다양한 사회문제를 수반한다. 특히 공급과잉으로 비롯된 과잉소비의 문제가 중요하다. 오늘날의 상황을 우리는 소비의 위기라고 부른다. 소비의 위기는 자본주의 위기를 수반하는 법이다. 자본주의 사회가 계속 유지되기를 바란다면 우리는 끊임없이 소비해야 하는 형벌을 선고받은 것이나 마찬가지다. 대량 소비가 점점 줄어들거나 대중에게 소비의 폭넓은 접근 가능성이 주어지지 않는다면 사회는 완전히 다른 구조로 넘어갈 수도 있다. 잊어서는 안 될 것은 자본주의 체제란 대량 소비와 중산층의 높은 구매력으로 움직인다는 사실이다. 만약 서민층과 중산층의 구매력이 유지되지 않고 불안 때문에 늘 절약하는 데에만 급급하다면 자본주의 체제는 급속히 자기 붕괴의 길을 걸을 수밖에 없다.[4] 이것을 '자전거 자본주의'라고 한다. 자전거가 멈추면 넘어지듯이, 지속적인 대량생산과 구매력이 유지되지 않는 순간 자본주의는 붕괴되고 만다. 인간 내면의 허위 욕망을 끊임없이 불러일으켜 인간을 소비기계로 전락시키는 것이 자본주의 체제

유지에 가장 중요한 속성이다. 오늘날 전 세계가 코로나19로 팬데믹에 직면한 것은 자본주의가 보여준 또 다른 속성이자 민낯이다.

결과적으로 공급과잉은 절대적 부를 축적하는 소수의 승자와 기아와 빈곤에 빠진 다수의 패자를 만드는 폐단을 낳았다. 로버트 프랭크와 필립 쿡은 소수의 사람이나 소수의 회사가 사회 전부의 부를 차지하게 되는 사회로 나아가는 현상을 '승자독식사회The Winner-Take-All Society'라고 불렀다.

문제는 "줄곧 인간들은 사회적, 경제적 환경으로부터 고립되거나 추상될 수 없다."는 것을 강력히 주장한 독일의 사상가이자 경제학자인 칼 마르크스의 다음의 주장이다. "기업들이 벌이는 자본주의의 무계획성, 즉 자본주의 기업들이 총생산이나 총수요의 조정 없이 벌이는 지나친 경쟁으로 생산은 수요를 초과할 수밖에 없다. 유효수요의 부족에서 나타나는 공급과잉은 지속될 수밖에 없다."라는 것이다.

이것은 현대경제학의 아버지로 불리는 아담 스미스의 '보이지 않는 손'과 맥락이 다르지 않다. 개인이 오직 자신만의 이익을 위해 경쟁하는 과정에서 누가 의도하거나 계획하지 않아도 사회구성원 모두에게 유익한 결과를 가져오게 된다는 것이 시장경제의 암묵적인 자율작동 원리다.

그 작동 원리를 자세히 들여다보면 우리가 빵을 먹을 수 있는 것은 빵집 주인의 자비심 때문이 아니라 돈을 벌고 싶은 이기심 때문이다. 세계적인 진화생물학자인 리처드 도킨스Clinton Richard Dawkins의 견해도 다르지 않다. 그는 종의 이익을 위하여 개체가 희생한 것이 아니라, 개체의 이기적 유전자가 결국 종을 유지하게 만들었다고 주장한다. 이러한 이기심들이 모여서 경제를 돌아가게 하는 것이다. 잘 짜여진 규칙 아래 진행되는 스포츠 경기 역시, 선수들 저마다 자신의 이익을 위해 최선을 다할 때 결과도 좋으리라 기대한다. 다시 말해, 가격을 결정하는 보이지 않는 손이 있어서 시장 경제를 잘 돌아가게 한다는 것이다. 이것이 아담 스미스가 꿈꾸는 '완전한 자유시장 체제'라는 이상적 세상이다.

"우리가 저녁 식사를 기대할 수 있는 건 푸줏간 주인, 술도가 주인, 빵집 주인의 자비심 덕분이 아니라, 그들이 자기 이익을 챙기려는 생각 덕분이다. 우리는 그들의 박애심이 아니라 자기애에 호소하며, 우리의 필요가 아니라 그들의 이익만을 그들에게 이야기할 뿐이다."

아담 스미스의 『국부론』은 다수의 패자들에게 최소한의 인간애와 위로를 해준다. 『국부론』은 최초로 자유시장 체제를 설명한 기본 틀이자, 자본주의가 작동하는 원리를 가장 정확하게 설명하고 있는 명저다. 그런데 많은 사람들이 아담 스미스를 '가진 자의 부자들 편'이라고 오해를 한 것이다. 왜냐면 그가 자유무역을 신봉하고 거대정부를 반대하고, 자유시장 경제 체제를 지지했기 때문이다. 특히 가장 많은 오해를 사는 부분이 '자유로운 개인의 이익 추구'라는 부분이다. 하지만 아담 스미스는 부자들의 무한정한 이익 추구를 인정하지 않았다. 경제적 이기심은 사회의 도덕적 한계 내에서만 허용된다고 선을 그었기 때문이다.

아담 스미스는 결코 인간이 끝없는 이기심을 허용한 적이 없었다. 오히려 모든 것을 인간 행동 규범의 틀 안으로 한정했다. 이는 결국 부자나 가난한 자나 평등하게 그 틀 안에서 부를 추구할 수 있음을 의미하는 것이다. 그렇다면 인간 행동 규범의 틀 또는 도덕적 한계 내의 기준은 무엇이란 말인가.

모든 사람이 잘 사는 세상이란 존재할까? 아담 스미스가 믿었던 자유시장 경제는 부를 만들어내는 데에는 큰 공헌을 했지만 그것이 이상적으로 분배되는 데에는 큰 힘을 발휘하지 못했다. 지금도 그가 살아있다면 현재의 불평등과 전 세계적인 경제위기에 대해서 어떤 반응을 보일지 궁금하다. 안타깝게도 세상은 이미 1퍼센트의 탐욕과 부패로 나머지 99퍼센트가 고통받는 세상이 되었다.

2
· · ·

앵무새 죽이기

'고대 이집트'하면 무엇이 떠오르는가? 열에 아홉은 이집트 국왕·왕비·왕족의 무덤인 피라미드pyramid를 떠올릴 것이다. 이집트의 피라미드는 마스타바라는 무덤에서 시작되었다. 기원전 2,660년 제3왕조 조세르 왕 때, 도굴을 막기 위해 마스타바 위에 작은 마스타바를 쌓아 최초의 계단형 피라미드가 만들어졌다. 완전한 정삼각형 사각뿔 형태를 갖춘 것은 기원전 2,570년경 제4왕조 쿠푸 왕의 대 피라미드에서 시작되었다. 특히 대 피라미드가 세계 7대 불가사의한 건축물로 꼽히는 이유는 그 거대함 때문이다. 각 능선이 정확히 동서남북을 가리키도록, 높이 147미터, 각 밑변의 길이 230미터, 평균 2.5톤의 석회암과 화강암 블록이 230만 개나 쌓아 올려져 있다.

쿠푸의 대 피라미드는 현재 지구상에 서 있는 단일 건축물 중 부피가 가장 크고, 댐과 다리를 제외한 단일 건축물 중 가장 무겁다. 건립한 지

3,400년이 지난 기원후 9세기에 이르도록 아무도 들어가보지 못했고, 아직도 내부가 다 밝혀지지 않았다. 가장 오랫동안 무너지지 않고 서 있는 거대 건축물로 현대를 포함해 역사상 가장 정밀한 공법으로 지어진 건축물이다.

하지만 이 건축물이 이집트의 절대군주인 파라오의 권력과 무한의 노예노동으로 건설되었다는 것에는 관심이 적다. 당시 이집트는 초기 왕조에서부터 왕이 단순히 인간과 신의 중개자로 끝나지 않고 왕 자신을 신격화시켰다. 왕은 불멸의 존재로 거듭났고, 왕의 가족과 종복을 비롯해 성직자, 미용사, 푸주한 등 가까운 협력자들조차 사실상 유일하게 불멸의 특권을 누렸다.

당시 파라오 왕국이 지속되는 동안 피라미드 건설에 차출된 노예노동은 무자비하게 착취되었다. 기원전 3,000년경 제1왕조의 창시자로 추정되는 나르메르의 판이나 제4왕조의 창시자 스네프로의 추모 부조를 증거로 보면 포로들은 파라오의 발에 무참히 짓밟혔고 두려움과 분노 등으로 엄청난 혼란과 고통 속에서 빠져 살아가야 했다. 그들은 파라오의 귀족과 성직자의 시중을 들면서 가장 힘들고 비천한 일생을 보내야 했다.

이집트에서 노예 신분은 죽은 뒤에도 미천한 신분으로 지속되었다. 실제로 고왕국 때부터 고위관리들은 내세에 노예들의 시중을 받을 생각으로 긴 의자 모양의 무덤인 마스터바 내벽에 한 무리의 노예를 새겨 넣게 했다. 중왕국 때부터 불멸 희망자들은 훨씬 용의주도하게 자기 무덤 안에다 흙을 구워서 만든 작은 모형 농장들과 작업장들을 배치하게 했는데, 미라 모양의 작은 노예상들을 채운 상자들도 그런 식으로 무덤 안에 들어갔다. 이 모든 행위는 내세에 주인의 욕구를 최소한이나마 충족하기 위한 것이었다.[5]

다른 제국과 마찬가지로 이집트 역시 수많은 전쟁을 통해 외국의 포로들을 데려와 자신의 노예로 삼았다. 한 전사는 이렇게 되새긴다. "나는 내 칼이 목숨만은 살려둔 자들을 엄청나게 많이 데려왔다. 그들의 손을 뒤로 묶고 수만 명이나 되는 그 식솔과 수십만 마리의 가축을 끌고 왔다. 나는 그들의 지도자들을 내 이름을 새긴 요새에 감금시켰고, 최고 궁수와 족장들에게 내 이름으로 노예표식의 낙인을 찍어 함께 집어넣었을 뿐 아니라 그들의 아내와 아이들도 똑같은 방식으로 처리했다."

이러한 노예제도는 고대 서아시아, 그리스와 로마에만 국한된 이야기가 아니다. 중세시대를 넘어 근·현대에도 지속되는 뿌리깊은 제도다. 지금의 상식으로는 부당한 제도라고 정의를 울부짖겠지만 14~16세기 르네상스 시대는 노예제도가 유럽 식민지의 요긴한 제도였고, 17~18세기 고전주의 시대 인문학자, 신학자들도 노예제도를 불편하게 여기지 않았다. 이러한 후광효과를 등에 입고 18세기 후반까지도 노예제도는 큰 어려움 없이 유지되었다. 고대의 노예제도에 관심을 가졌던 사람은 소수의 석학뿐이었다. 왜냐하면 당시 학자들의 머릿속에는 원대한 역사, 영토 확장을 통한 외교 역사, 정치 역사가 우선이었기 때문이다.

아래의 그림은 영국의 대표적인 화가인 조지프 말로드 윌리엄 터너 Joseph Mallord William Turner의 『노예선』이라는 작품이다. 작가가 무엇을 이야기 하고 있는지 상상해보라.

　터너는 독창적인 표현법으로 풍경화를 그리기로 유명하다. 그는 지엽적인 세부묘사에 그치지 않고, 대기의 변화에 따라 풍경이 어떻게 변화하는 지와 풍경을 관찰하는 사람의 마음속에 떠오르는 심상을 묘사하는 것에 주안점을 두었다. 또한 세상을 자신의 시각으로 관찰하여 날씨와 물, 그리고 특히 무한하게 변화하는 빛의 장대함을 자연적인 효과에 충실하게 그

● 윌리엄 터너, 〈노예선〉, 1840년, 90.8×122.6cm, 캔버스 유채, Museum of Fine Arts, Boston

려냈다. 특히『노예선』은 터너 자신의 심상을 확연히 드러낸 작품이다. 그림의 오른쪽 하단에 노예의 발이 보인다. 사슬에 묶인 채 바다에 던져져 물고기와 갈매기의 먹잇감이 되고 있다. 그림 중간 아래쪽에도 역시 여러 개의 사슬이 보인다.

이 작품은 종 호號의 선원들이 1781년 11월 29일부터 수일간에 걸쳐 노예로 붙잡힌 약 133명의 아프리카인을 살해한 종호학살에서 영감을 얻었다. 아프리카에서 자메이카로 싣고 가던 노예들이 병이 났다. 선장은 노예가 사고로 죽으면 보험금을 받을 수 있다는 규정을 떠올렸다. 돈에 눈이 먼 선장은 133명의 병든 노예를 며칠에 걸쳐 바다에 던져버렸다. 하지만 선장은 관리소홀의 책임을 지고 보험회사로부터 보험금을 타지는 못했다. 당연히 받아야 할 살인죄로도 기소되지 않았다. 노예의 죽음은 재산상의 손실일뿐이었다. 당시 법적으로 노예는 화물일 뿐 인간이 아니었기 때문이다.

2016년에 개봉한 외국영화 '히든 피겨스Hidden figures'를 봐도 사회적 계약이 얼마나 편파적임을 실감할 수 있다. 실화를 바탕으로 한 이 영화는 1960년대 미국의 인종차별이 심한 문화권 속에서 뛰어난 지적능력을 발휘했던 흑인여성 3명의 활약상을 보여주는 내용이다. 1960년대의 20대를 살았던 흑인 여성은 별도로 외부화장실을 사용해야 했고, 대놓고 'colored people toilet'이라는 팻말이 붙어있었으며, 학교 역시 흑인이 들어갈 수 없는 학교가 공식적으로 구분되었다. 같은 하나님을 섬기는 교회도 서로 달랐고 감옥도 달랐으며, 심지어 죽어서 묻히는 묘지도 서로 달랐다. 불과 59년 전의 일이다.

고대판 노예제도는 형식과 방식이 바뀌었을 뿐 현대에서도 그대로 재현되고 있다. 고대 그리스의 피레우스 항구는 현대적인 분위기가 물씬 풍기는 곳이었지만, 그 분위기에 취해 그 도시의 그리스 상인들이 물건을 살 때 사용하는 은화가 대부분 로렌티움Laurentium의 은 광산에서 2만 명의 노예들이 구역질나는 조건 속에서 일한 덕분에 생산된 것이라는 사실을 잊지 말자는 거다.

아리스토텔레스는 "인간은 결코 처음부터 평등하지 않으며 태어날 때부터 어떤 사람은 노예로, 어떤 사람은 지배자로 태어난다."고 했다. 동의하는가? 이 말의 의미를 현대판으로 해석하면 '금수저와 흙수저는 타고 난다'는 의미다.

어떻게 보더라도 노예제도는 인정받을 수 없다. 그 권리는 정당하지 않을 뿐 아니라 비합리적이다. 노예와 권리라는 두 말은 서로 모순된다. 누군가 이런 말을 한다고 생각해보자. "나는 너와 계약을 맺는다. 그 부담은 전적으로 네가 지고, 그 이익은 모두 내가 차지한다. 나는 그 계약을 내가 원하는 동안은 지킬 것이고, 너도 내가 원하는 동안은 지켜야 한다." 너무나 터무니없지 않은가? 권력과 힘을 가진 자들의 이기성은 아리스토텔레스의 주장을 정당화시킬 뿐이다.

그런데 이미 고대부터 권력과 힘을 가진 자들은 자신의 행동을 정당화하지 못했다. 당시 노예 제도가 매우 흔한 일상이 되다 보니 이집트 왕족들은 자신이 죽은 후에 노예가 될지도 모른다는 두려움에 시달렸다. 그들은 사후의 삶도 현세와 비슷할 것이라 믿었기 때문에, 죽어서 노예로 부릴 일꾼을 상징하는 조각상을 나무나 도자기에 새겨 무덤에 함께 묻었다. 또한 기원전 30년경의 로마에서는 노예들에게 특별한 옷을 입히자는 법안이 제출되었다가 부결되는 일이 있었다. 만약 노예들이 자신들과 똑같은 옷을 입은 이들이 그토록 많다는 것을 알게 되면 자기들의 힘을 깨닫게 될까 봐 두려워했기 때문이었다. 귀신은 속여도 자신은 속일 수 없었던 걸까.

강도가 든 총은 하나의 힘이자 권력이다. 하지만 힘이 권리를 정당화하지 않는다. 인간은 오직 정당성을 갖춘 권력에만 복종할 의무가 있다. 오늘날 대한민국 국민은 합법적이고 정당성을 갖춘 권력에 복종할 의무가 있다. 그 권력은 국민의 동의와 지지에 기반한 사회적 계약을 통해 형성된 것이므로, 그에 대한 복종은 강도의 힘에 복종하는 것 또는 폭군의 노예제도와는 성격이 다르다. 절대적인 권력의 존재는 국민을 언제 약탈당할지 모르는 불안한 상태로 만든다. 국민은 마치 키클로페스 cyclopes* 동굴 속에서 잡아먹히기 위해 사육당하고 있는 그리스인과 같은 삶을 사는 것이다.

* 『오디세이아』에 나오는 외눈박이 거인부족이다. 호메로스의 키클로페스 중에서 가장 유명한 자는 폴리페모스라고 불리는 거인이다. 그는 트로이 전쟁의 영웅 오디세우스의 계략에 속아 하나 밖에 없는 눈을 잃는다.

그렇다면 정당성을 갖춘 권력이란 무엇일까? 고대 사회에서 현대까지 가장 오래도록 지속된 단체가 있다. 바로 가족이다. 물론 폭군과 노예처럼 강제적으로 맺어진 점이 아닌 자연발생적으로 맺어진 것에 차이가 있다. 가족 사회에서는 자녀들이 아버지와 맺어져 있는 것은 그 자녀들이 자기의 생명을 유지하는데 아버지가 필요한 동안뿐이다.

● 폴리페모스, 소묘, 요한 하인리히 빌헬름 티슈바인, 1802년, 올덴부르크 주립박물관, 독일

활동이 원활하고 고등교육이 수반되면 자연적으로 유대관계 또한 소멸된다. 이는 자녀들이 아버지에 대한 복종의 의무에서 해방됨을 의미하며 아버지 역시 자식에 대한 양육의 의무에서 벗어나게 되므로 각각은 동등한 자격으로 독립하게 된다. 따라서 가족 사회는 결국 계약에 의해서 유지되지만 독립성이 수반된 정당한 권력이다. 단 이러한 계약은 노예제도에서는 찾을 수 없는 인간의 본성인 자유와 평등을 부여받았기에 가능하다.

프랑스의 계몽사상가이자 철학자인 장 자크 루소Jean-Jacques Rousseau는 오늘날 민주정치의 전제조건은 가족 사회처럼 국민의 지위나 재산이 평등하고 이후 적절한 독립성을 유지하여야 한다는 것을 강조한다. 이러한 평등이 이루어지지 않을 때 모든 국민의 권리와 법의 권리와의 균형이 계속해서 지탱되지 못할 것이다. 또한 인간의 사치는 아주 적거나 또는 전혀 없어야 한다. 왜냐하면 사치는 부_富의 결과이거나 아니면 부를 필요로 하기 때문이다. 그러므로 사치는 부자와 가난한 사람을 동시에 부패시킨다. 즉 부자는 풍족하기 때문에 부패하고, 가난한 사람은 부를 갈망하기 때문에 부패하게 된다. 2,400여년 전 이집트가 몰락하면서 노예와 함께 제국역시 쇠퇴한 것처럼 말이다. 사치는 국가를 나태와 헛된 욕망에 들뜨게 하고, 국가에서 모든 시민을 빼앗아 서로 노예가 되게 만들며, 모든 시민을 편견의 노예가 되게 한다.⁶⁾

하지만 이러한 교훈에도 불구하고 현대판 키클로페스는 여전히 건재하다. 5,000년 전 노예제도는 인신매매, 인권유린, 노동착취, 인종차별 등의 탈을 쓰고 자유를 빼앗고 끝없이 착취당하는 현대판 노예들의 신음이 계속되고 있다. 세계적 베스트셀러 작가인 하퍼 리_{Harper Lee}는 주장한다. "인간에게 아무런 해를 끼치지 않고 사람의 귀를 즐겁게 해주는 앵무새 죽이기와 같다."고.

"인간은 자유롭게 태어났지만 지금은 어디서나 쇠사슬에 묶여 있다."고 말한 루소의 말은 왜 나의 뇌리를 떠나지 못하는 걸까? 아마도 우리는 자신만의 노예를 키우고 있는 것은 아닐까. 버스 운전기사, 식당 종업원, 편의점 아르바이트생, 주차관리원, 음식 배달원 등 사회적 약자들에 대한 편견을 두고 이들을 노예화하고 있지는 않은 걸까. 생각의 노예는 곧 편견과 행동의 노예로, 사회적 노예로 확대되어 결국 권력의 정당성을 낳게 된다.

2012년 2월, 모 카페에서 한 임산부가 '채선당'이라는 음식점에서 폭행을 당했다고 글을 게시했다. 이 사건은 인터넷과 SNS를 통해 급속도로 퍼져 나가기 시작했고, 급기야 공중파 방송에서 별도의 시간을 내어 집중 조명 하기도 했다. 결국 채선당 본사에서는 임산부가 폭행했다고 주장하는 가맹점을 폐점하기로 하고 공식 사과문을 발표하기에 이르렀다.

하지만 사실은 달랐다. 임산부는 직원이 말하는 게 마음에 들지 않아 욕설을 내뱉었고, 직원은 욕설을 들은 것에 대해 항의했다. 이에 임산부는 몇 차례 더 욕을 한 후 계산을 하지 않고 음식점을 나갔다. 직원이 그냥 나가는 임산부를 붙잡는 과정에서 임산부는 넘어졌고, 임산부가 직원의 배를 발로 두 차례 가격하였다. 경찰이 해당 논란을 조사한 후 직원이 임산부를 폭행한 사실은 거짓으로 드러났으며 임산부는 본인이 작성한 게시물들을 모두 삭제했다.

그 외 240번 버스기사 사건, 된장 국물녀 사건, 4호선 선빵녀 등 일상의 수많은 사건들은 사회적 편견과 행동을 낳고 결국 권력이라는 정당성을 확보하여 끊임없는 자유와 평등을 착취한다.

오늘날 우리가 간과하고 있는 사실이 하나있다. '우리는 고대 노예들의 노예임을.'

3

• • •

스티브 잡스와 쿠르디

스티브 잡스가 나타났다! 그런데 그의 모습이 조금 이상하다. 잡스의 오른손에는 초기 매킨토시 컴퓨터를 들고 왼쪽 어깨에는 허름한 짐꾸러미를 짊어지고 있다.

이 그림은 얼굴 없는 그래픽아티스트로 알려진 뱅크시Banksy가 프랑스 칼레에 깜짝 등장해 남긴 작품이다. 뱅크시는 왜 영국이 아닌 프랑스 칼레에서 잡스를 등장시켰을까? 사실 영불 해저터널이 시작되는 프랑스 칼레는 영국으로의 이주를 원하는 난민 수천명이 오도가도 못한 채 거대 텐트촌을 형성하던 곳이다. 잡스의 왼쪽 어깨에 쓰레기 봉투로 보이는 이 꾸러미는

잡스의 생부가 시리아 이주민이라는 사실을 보여주는 상징이다. 잡스는 입양아지만 그의 생부는 시리아에서 미국으로 이주한 이주민이다. 뱅크시는 "우리는 이주민이 국가의 자원을 갉아먹는 존재라고 믿고 있지만, 스티브 잡스는 시리아 이주민의 자식이었다."고 작품의 의미를 강조한다. 아울러 그는 "애플은 세계에서 가장 수익성 있는 기업 중 하나이며 1년에 내는 세금만 해도 70억 달러다."라며 "이런 애플이 존재하는 이유는 그들(미국)이 시리아 도시 홈스에서 젊은 남자 한 명을 받아들였기 때문."이라고 덧붙였다.

스티브 잡스의 등장은 지난 2015년 2월 세 살배기 시리아 난민인 아이란 쿠르디가 숨진 채로 발견되면서부터다. 터키를 거쳐 그리스로 건너가려다 보트가 뒤집히는 바람에 차가운 바닷가에서 그만 목숨을 잃고 말았다. 2011년부터 이어져 온 내전으로 인해 고향을 등진 시리아 난민 대부분이 싸늘한 죽음으로 최후를 맞이했다.

난민하면 가난하고, 내전의 피해를 입은 일반 국민을 떠올린다. 하지만 시리아 난민들의 면면은 그렇지 않다. 그들은 비교적 안전지대에서 지냈으며, 중산층이나 부유층도 난민 대열에 상당수 포함되었다.

난민 사태의 배경에는 불안한 중동정세와 미국 및 서유럽의 무관심, 국제기구의 무능이 합쳐서 생긴 결과다. 그럼에도 불구하고 대한민국을 비롯한 대부분의 나라들은 시리아 난민 문제에 대해 서유럽과 동유럽, 그리고 서유럽 내부의 갈등으로 치부해버린다. 안타깝지만 함께 울어줄 수는 있지만 우리가 감당해야 할 문제는 아니라는 의미다.

유럽에서는 난민 정책이 '폭탄 돌리기' 수준으로 전락했다. 이탈리아와 그리스, 헝가리 등 난민들이 많이 몰려 난민 피로증에 걸린 지중해 연안 국가뿐만 아니라 2015년 이후 100만 명의 난민을 수용했던 독일마저 입장을 바꾸면서 난민들의 설 자리가 좁아지고 있기 때문이다. 관용과 인도주의로 대표되는 유럽의 정신은 배려와 포용이 아닌 경쟁과 논쟁의 대상이 되었다.

560만 명이 넘는 난민들은 개개인으로는 보이지 않는 투명인간이 되버렸다. 보편적인 인간의 일부로 받아들여지지 않았고, 우리가 아닌 타자로서 규정되어 특유한 개인사와 개성, 경험, 특징을 지닌 인간적 존재 자체를 부정당했다. 이것이 우리가 난민을 바라보는 시선이다. 고문과 폭력을 연구한 영문학자 일레인 스캐리Elaine Scarry는 '기괴함과 비가시성은 타자의 두 아종'이라고 쓴 바 있다. 기괴함은 지나치게 가시적이어서 주의를 기울이는 시선조차 돌리게 만들며, 비가시성은 주의를 기울일 가능성조차 차단해 아예 처음부터 존재하지 않는 것과 다름없게 한다.[7]

고속도로를 달리다가 반대편 차선에서 5중 연쇄추돌사고가 났다고 가정해보자. 교통사고는 반대차선인데 막히는 곳은 정상차선이다. 사고의 규모, 피해자의 공포 등이 반대편 차선 사람들의 시선에는 구경거리로 비춰진다. 노출된 사고의 규모가 클수록, 피해자의 저항 능력이 없을수록 과격한 선동이 되어 군중들의 마음을 사로잡는다. 어떤 이는 자제력을 잃은 사람들의 모습에 더 큰 포르노그래피적 희열을 느끼기도 한다. 그러나 아무도 다가가지 않는다. 저 구경꾼들은 도대체 무엇을 하고 있는 걸까? 고함을 지르는 무리를 보고 왜 아무도 상황에 개입하지 않는가? 왜 그들은 자신들이 할 수 있는 행동임에도 경찰에게만 책임을 전가하는가?

인간이 지닌 이기성은 자신으로부터 차단하려는 욕구가 매우 강하다. 선과 악을 구분하듯 우리와 타자로 구분하여 존재자체를 부정한다. 바퀴벌레나 뱀과 같은 파충류들의 존재 자체를 부정하듯. 인간은 자신을 구별할 수 있는 집단을 선호하고, 그들은 진정한 인간과 저열한 인간(동물) 사이의 경계선을 예시하게 된다. 그래서 인간의 역사가 존재한 이래로 특정한 혐오의 속성들은 반복적이고 변함없이 특정한 집단과 결부되어 왔으며, 실제로 그들의 삶에 투영되었다. 특권을 지닌 사람들은 유대인, 여성, 동성애자, 흑인, 하층 계급들을 혐오의 대상, 타자로 구분하여 우월한 인간적 지위를 명백히 하려고 했다.

오늘날 난민에 대한 인간 존재자체의 부정과 혐오는 그들을 격하시키려는 목적을 지닌 정교한 이데올로기적 조작과 결합되어 있다. 인간 본질적인 측면에서 난민들이 처음부터 난민이었고, 혐오스런 존재는 아니었다. 19세기 유대인들의 신체는 정상인의 신체와는 실제로 다르다는 생각이 널리 받아들여졌다. 유대인의 코는 후각이 가장 발달된 동물성, 여성의 냄새, 심지어는 생리 중 여성의 냄새와 유사하다고 여겼다.[8]

이러한 혐오는 우리에게도 익숙하다. 일제시대에 일본인은 조선인에 대해 '뒤떨어진다', '냄새가 난다', '더럽다'는 인종적 편견으로 조선인의 인격자체를 배격했다. 유대인이, 조선인이, 그리고 아이란 쿠르디가 숨진 근본적 이유는 이데올로기적 조작과 다르지 않다.

서구 문명에서 가장 큰 논쟁거리 중 하나는, 장 자크 루소가 주장한 "인간이 협력적이고 타인을 기꺼이 돕도록 타고나지만 나중에 사회가 이들을 타락시키는 것인가"와 아니면 토마스 홉스가 주장한 "인간은 태어나면서 이기적이고 타인을 도우려 하지 않지만 나중에 사회가 이들을 이타적이고 협력적으로 행동하도록 가르치는 것인가"이다.

나는 인간의 속성이 두 가지로 단정 지을 수 있는 단순한 속성이라고 보지 않는다. 지금까지 논술한 논증을 바탕으로 결론을 내자면 "인간은 태어나면서 이기적이고 타인을 도우려 하지 않지만 나중에 사회가 이들을 교육이나 사회규범을 통해 이타적이고 협력적으로 행동하도록 돕는다. 하지만 인간의 본질은 이기적이기 때문에 이타적, 협력적 성질은 퇴행되어 다시 이들은 사회를 타락시킨다." 모든 살아있는 유기체에는 이기적인 측면이 있고, 그것이 줄어들지언정 소멸하지는 않는다.

나의 주장에 대해 아서 밀러Arthur Miller는 "보다 많은 것을 혐오스럽다고 인지하는 사회가 보다 문명화된 사회"라고 주장한다. 인간의 이기적 속성과 본질을 그대로 수용하자는 것이 아니다. 진정으로 문명화된 인류는 그런 이기적 속성과 혐오에 맞서기 위해 맹렬한 노력을 기울여야 하며, 모든 국민들이 완전한 평등과 상호 신뢰가 이루어져야 한다. 때로는 인간의 이기성과 혐오가 사회적 위계질서를 지속시키는 긍정적 역할을 했다. 그것이 건강한 민주주의를 추구하는 진보적 태도다.

하지만 현실은 혐오의 대상을 서로 이익을 공유하고 호혜적으로 이익을 주고받는 공동체를 구축하려는 노력을 의미하는 겸애兼愛적 시선이 아닌 경제적 가치가 투입되는 비용에 대한 효과로, 이윤이 전제된 효율성 개념의 시각이 지배적이다. 특별한 보상이 없으면 행동하기 어려운 논리다.

인간이 아닌 침팬지는 상대를 어떻게 도울지 연구를 실시했다. 우리는 한 침팬지가 방문을 열기 위해 애쓰는 모습을 다른 침팬지가 지켜보도록 했다. 이 침팬지는 핀을 제거하면 문이 열린다는 사실을 이전에 봐서 알고 있다. 놀랍게도 지켜보던 침팬지는 핀을 제거하고 같은 집단의 동료가 방에 들어갈 수 있게 도왔다. 그리고 보상을 기대한다는 그 어떤 증거도 없었다.[9] 어떻게든 내·외재적 보상을 추구하는 인간과는 사뭇 다르다.

눈치채셨겠지만 여기서 중요한 것은 타자를 바라보는 시선이다. 타자는 자신의 시선을 통해 나를 바라보면서 나의 세계를 훔쳐가고 동시에 나에게 객체성을 부여하는 존재다. 그러므로 타자는 항상 경쟁의 관계, 투쟁의 관계에 있을 수밖에 없는 처지에 놓여 있다. 노벨문학상을 수상한 장 폴 사르트르의 극작품 『닫힌 방』에서는 타자를 곧 나의 '지옥enfer'이라는 극한 표현까지 아끼지 않는다.

가르생 : 나를 잡아먹을 듯한 이 시선들……. 아! 당신들은 고작 두 명 뿐이었는가! 훨씬 더 많다고 생각했는데.(그는 웃는다) 이것이 지옥이지, 전에는 전혀 생각을 하지 못했었지……. 당신들도 기억하겠지. 유황, 장작더미, 쇠꼬챙이……. 아! 다 쓸데없는 얘기야. 쇠꼬챙이 같은 것은 필요 없어. 지옥 그것들은 타인들이야.

사르트르는 내가 나에 관한 진실을 알기 위해서는 반드시 타자를 거쳐야 함을 강조한다. 타자는 나의 존재에 필수불가결하다. 그뿐만이 아니라 내가 나에 대해 가지는 인식에서도 마찬가지다.[10] 여기서 흥미로운 점은 타자에 의해 이 세계에 나타나는 나의 존재는 바로 타자가 나에게 부여하는 나의 '외부dehors'라는 것이 사르트르의 주장이다.

1940년 봄 북쪽에서 내려온 나치가 순식간에 프랑스를 장악하자, 그곳에 살던 유대인 집단 대부분이 프랑스를 떠나 남쪽으로 도망쳤다. 국경을 넘으려면 스페인이나 포르투갈행 비자가 필요했고, 따라서 수만 명의 유대인들이 생사가 걸린 종잇조각을 얻기 위해 다른 난민들의 물결에 휩쓸려 보르도 주재 포르투갈 영사관에 몰려들었다. 포르투갈 정부는 프랑스에 있는 영사들에게 외교부의 승인 없이는 비자를 발급하지 말라고 했다. 하지만 보르도 주재 포르투갈 영사 아리스티데스 데 소사 멘데스는 그 명령을 무시했고, 그로 인해 30년 외교관 경력을 날려버렸다. 나치의 탱크가 보르도로 다가오는 가운데, 소사 멘데스와 그의 팀원들은 비자를 발급하고 종이에 도장을 찍느라 잠도 못 자며 하루 24시간씩 열흘 밤낮을 일했다. 수천 장의 비자를 발급한 뒤 소사 멘데스는 탈진해 쓰러졌다.

난민들을 수용할 마음이 없던 포르투갈 정부는 요원들을 보내 명령에 불복한 멘데스를 고국으로 호송했고, 그의 외교관직을 박탈했다. 그러나 인간의 고통에 아랑곳하지 않던 관료들도 문서에는 깊은 존경심을 보였다. 그리하여 멘데스가 명령을 어겨가며 발급한 비자는 프랑스, 스페인, 포르투갈 관료들에게 받아들여져 나치가 친 죽음의 덫에서 3만 명의 영혼을 구했다.[11] 나치의 홀로코스트에 반기를 든 가장 큰 개인적 차원의 구조작전이었다.

멘데스가 타자(유대인)에게 취할 수 있는 태도의 핵심은 우선 타자에게서 그의 주체성, 의식, 자유, 인간애 등을 인정하면서 이를 그대로 내 안으로 흡수하는 것이 가능했기 때문이다. 뿐만 아니라 타자를 나의 주체성의 자리에서 밀어내고 내가 주인공이었던 상황의 새로운 주인이 되었다. 한마디로 멘데스가 타자(유대인)를 객체화하는 태도다.

오늘날 난민의 문제는 우리가 시리아 난민인 아이란 쿠르디를 스티브 잡스를 바라보듯 보지 않았기 때문에 일어난 일이다. 결코 우리가 외부에서 부여되는 존재를 부인하는 한 제 2의 스티브 잡스는 없다.

4

욕망이 만든 형벌

　인간의 생활에서 노동을 제거하면 무엇이 남을까? 노동이 없이는 인간
은 생활 자체가 불가능하다. 노동은 인간의 세계, 인간의 생활, 인간 자신
의 바탕을 이룬다. 그러면서도 '네 이마에 땀을 흘리지 않고는 밥을 먹을
수 없다'는 무노동 무임금의 원칙은 인간의 노동이 저주받은 것임을 지적
한다. 이때의 노동은 고통을 의미하며, 고통스러운 노력에 의해서만 자연
속에서 생존할 수 있는 인간의 예속상태를 나타낸다. 그래서일까. 성경은
"노동을 신이 내린 형벌"로 묘사했고, 플라톤의 가르침을 받은 아리스토텔
레스는 "노동의 목적이 여가를 얻기 위한 것에 불과하다."고 말했다.

　다음 그림은 멕시코를 대표하는 디에고 리베라Diego Rivera*의 그림 『꽃 운

＊ 디에고 리베라(Diego Rivera, 1886~1957), 멕시코의 대표 화가로서 멕시코의 신화, 역사, 서민의 생
활을 바탕으로 한 웅장하고 영웅적인 느낌의 벽화를 그린 것으로 잘 알려져 있다. 어린 시절부터 그
림에 재능을 보인 리베라는 스페인, 프랑스 등에서 유학하며 피카소, 클레 등의 입체파와 이탈리아의
프레스코 화에서 많은 영향을 받았다. 대표작으로 〈알라메다 공원의 일요일 오후의 꿈〉, 〈헬렌 윌
스 무디의 초상〉, 〈농민 지도자 사파타〉 등이 있다.

● The flower carrier, 디에고 리베라, 1935년

반 노동자』라는 작품이다. '꽃'은 무엇을 상징할까? 일반적으로 꽃은 '행복', '희망', '기쁨', '환희', '사랑', '열정', '아름다움' 등을 상징한다. 동서고금을 막론하고 적어도 꽃에 대해 부정적인 이미지를 갖는 사람은 극히 드물 것이다. 그런데 디에고의 그림은 뭔가 부자연스럽고 거북해 보인다. 화사한 분홍색 꽃의 아름다움과 향기, 풍성함과 싱그러움은 남성의 무기력한 권태, 힘겹게 지탱하는 투박한 손에 의해 본래의 의미를 퇴색시켜버린다. 노동자에게 꽃은 아름답고 사랑스런 존재가 아니라 단지 버거운 '짐'일 뿐이다. 오히려 노동과 연관되어 있는 꽃은 우리의 마음을 더욱 고통스럽게 만든다.

노동은 인류 역사에 전개된 최고의 성공스토리다. 노동은 우리에게 진보와 번영을 안겨주었고 시대를 불문하고 모든 인간들은 노동을 통해 먹고사는 기본적 문제를 해결했다. 하지만 노동을 바라보는 시선은 그다지 긍정적이지 않다. 중세 이래로 존재의 기반을 확보해가던 자본주의는 산업혁명 이후 본격적으로 등장했고, 이와 함께한 다양한 변화들은 결국 19세기 영국에서 상품으로서의 노동을 탄생시켰다. 자본주의 사회에서 노동자는 임금을 받고 자본가에게 노동력을 판매했기 때문에, 노동력을 사용할 수 있는 권리는 자본가에게 있었다. 여기서 자본가는 노동력을 잉여가치의 원천으로 삼았다는 것이다. 자본가가 하루 동안 노동력을 사용할 수 있는 권리를 5원에 구매하고 노동자가 자신의 하루 임금에 해당되는 5원의 가치를 생산하는데 8시간이 걸렸다고 가정해보자. 그런데 자본가는 하루 동안 노동력을 활용할 수 있는 권한을 갖기 때문에 12시간 노동자에게 일을 시켜 8원의 가치를 생산하도록 한다. 이 과정에서 노동력은 자신의 가치인 5원보다 더 많은 8원의 가치를 생산하므로, 결과적으로 3원의 잉여가치를 만들어내게 된다. 잉여가치는 오직 노동량의 초과에 의해서만 발생하기 때문에 노동자의 의지와는 상관없이 자본가의 부를 증식시킨다. 자본가는 잉여가치에 대한 끊임없는 욕망을 채우기 위해 노동자를 착취하고, 노동절마저 쉬지 말고 일하라고 강요했다. 자본가는 힘을 가졌다는 의식에 사로잡혀 노동자에게 잔인한 조치를 권유하는 것을 마다하지 않는다. 노동자들이 너무나 궁핍해 그들 앞에 놓여있는 원만한 협상안을 수용하는 것 말고는 다른 선택을 할 수 없도록 해야 한다는 것이다.

노동자에게 노동은 지옥의 상태다. 절대 지배자 제우스에게 대항했던 시지포스에게 내려진 형벌은 무의미한 노동이었다. 무의미한 노동을 강요 당하는 것은 죽음보다 더 고통스런 형벌이다. 시지포스의 고통은 바위를 끌어 올려야 하는 힘듦 때문보다는 자신의 의지와는 상관없이 끝없이 반복해야 하는 노동의 무의미성 때문이다. 그러니 꽃을 운반하는 노동자에게 화사한 분홍색 꽃의 아름다움과 향기는 공허한 메아리일 뿐이다.

한 인간의 힘으로 도저히 이룰 수 없을 것 같은 위대한 유산을 남긴 미켈란젤로 역시 자유의지와 멀어진 타율적 노동의 불편함을 경험했다. 1509년 로마, 미켈란젤로는 유쾌하지 않았다. 그는 몸을 뒤틀고 목을 길게 뺀 기괴한 자세로 시스티나 예배당 천장화를 그리고 있었다. 물감이 얼굴에 뚝뚝 떨어지는 고역을 참아가면서 그는 말한다.

"이 덫에 갇혀 있는 동안 갑상선종이 악화되었네. 몸 앞쪽 피부는 팽팽하게 늘어나는 느낌인데, 뒤쪽은 구겨지고 접혔어. 나는 지금 시리아 활처럼 휘어 있다네.", "여기는 내가 있을 곳이 아니야. 나는 화가도 아니라고."[12]

21세기를 살아가는 우리의 노동 현장은 미켈란젤로처럼 마치 자발적으로 보이지 않는 수갑을 찬 것과 다르지 않다. 노트르담 성당의 소등 종소리가 울리면 술집은 손님을 받지 못하게 되어 있다. 하지만 자본주의 사회는 산업혁명 이후 가내 수공업이 쇠퇴하고 대량생산을 하는 큰 공장이 들어서면서 노동시간은 점차 길어졌다.

칼퇴근, 저녁이 있는 삶, 가족과 먹는 저녁, 사랑의 싹을 틔울 시간, 더 많은 임금, 유럽여행 아니 동남아여행이라도! 이 모든 것이 먼 나라 남의 이야기가 아닐 수 없다. 해마다 반복되는 이야기지만 한국은 OECD 국가 중 최장시간 노동국가다. 장시간 노동에 참여하니 삶의 만족도나 행복지수가 낮게 나타나는 것은 자명하다. 우리는 장시간 노동이라는 돼지우리에 갇혀 있다. 너무 오래 있다 보니 악취가 악취인 것도 모르고 있다. 미켈란젤로처럼 능력이라도 출중하면 불쾌한 냄새를 맡고 뿌리칠 수도 있지만 경쟁사회에서는 얼마나 참고 견디는지가 경쟁력이 되어 버렸다.

장시간 노동 현실은 노동시간 말고도 시야만 위로 올리면 쉽게 확인할 수 있다. 주 52시간제가 도입되었지만 6시 칼퇴근하는 직장인들이 얼마나 될까? 일찍 퇴근하더라도 커피숍에서, 도서관에서, 집에서 야근은 다반사다. 자의든 타의든 칼퇴근은 '승진 포기'라는 게 공공연한 비밀인 과로 사회의 자화상이다.

국가간 경계가 사라지고 4차 산업혁명이 도래되면서 노동의 세계는 훨씬 변덕스러워졌다. 더 이상 장기전망을 제공하지 않는다는 것이다. 노동자는 예측가능하고 연속적인 미래 서사를 기획하기 어렵게 되었고 단기 설계를 통해 하루하루 임시변통할 수밖에 없다. 평생직장은 사라지고 비정

● 구스타브 쿠르베, 〈돌 깨는 사람들〉, 1849~50년, 캔버스에 유채, 165×257cm, 1945년경 작품 소실. 쿠르베는 19세기 중반, 프랑스 사회의 현실을 사실적으로 드러내기 위해 한쪽 무릎을 꿇고 허리를 숙인 노인이 빈약한 망치 하나로 연신 돌을 깨부수고, 찢어진 셔츠를 입은 소년이 곡괭이로 돌을 모아 나르는 노동의 힘든 여정을 보여주고 있다.

규직 확대, 소득 수준의 저하, 주거난, 실업의 위기와 같은 불안요소와 맞물리면서 사람들은 자신의 일과 삶의 균형을 맞추기가 어려워졌다.

그 결과 여성까지 노동 현장에 참여하게 되면서 남성 생계부양자 모델은 완전히 해체되었다. 2019년 기준 여성의 경제활동 참여율은 62퍼센트인데, 이 중 기혼자 비율이 절반이 넘는다.

우리는 왜 이렇게 많은 노동을 하고 있을까? 첫 번째는 사회적으로 장시간 노동을 일종의 능력자로 인식하는 경향이 크기 때문이다. 언론이나 자기계발서에서 성공한 사람들의 성공공식을 소개할 때, 다음의 A와 B중 어느 쪽을 더 선호할까?

A. 잘 잠 다자고 여유있게 일하면서 성공했다.
B. 나는 월화수목금금금 일을 했고 하루 3시간 밖에 자지 못했다.

A는 어쩐지 재수없이 느껴지지 않는가. 그렇다. 정답은 B다. B처럼 일한 끝에 세계적인 성공을 거둔 신화는 미디어를 타고 반복 재생산된다. 어떤 경우 장시간 노동은 능력, 우월감, 유능함, 지위, 자긍심의 상징으로 연결되기도 한다. 장시간 노동은 일종의 '국민병'이라고 해도 지나치지 않다.

"내일 또 놀러와~" 늦게 퇴근해 밤에만 가끔 만날 수 있는 아빠와 딸의 모습을 그린 한 제약회사의 TV광고는 국민병의 자화상이다. 그래서 나는 목표를 세웠다. 월수금, 각 오전만 일하고 재벌이 되기로.

1970년 이후 자본주의 사회의 생산성은 계속 높아졌다. 10년마다 경제위기를 겪었지만 국내총생산GDP은 꾸준히 상승세를 이어가면서 풍요의 기운이 넘쳐났다. 경제 체계가 지식 산업과 서비스 산업으로 빠르게 이행되면서 사람들은 고된 노동에서 해방되어 풍요와 여유를 마음껏 누리게 될

것이라 전망했다. 이를 두고 미국의 사회학자이자 경제학자인 줄리엣 쇼어
Juliet B. Schor는 경제발전과 풍요가 찾아왔지만, 노동시간을 끊임없이 확장하
려는 자본주의 시스템이 우리에게 남긴 유산은 '위장병' 뿐이라고 신랄하게
비판했다.

경제적 풍요의 기운은 물질적 보상을 조장했고 결국 사람들은 여유로운
시간을 선택하기 보다는 열망을 충족시키기 위해 끊임없는 소비를 추구하
기 시작했다. 우리 사회가 소비사회로 진전되면서 자본과 노동의 관계는
대립적인 생산관계에서 상호적인 소비관계로 이전되었다. 노동은 임금이
고, 임금은 곧 소비이며, 소비는 곧 삶이라는 등식이 소비사회 노동자들에

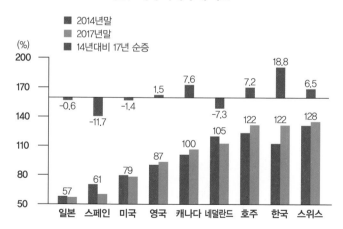

GDP 대비 가계 부채 비교

자료 : 한국은행, BIS
주 : 가계부채는 자금순환표상 가계부채 + 전세 보증금 합계

게 정착되었다. 그 결과 임금의 수준이 높아지면 장시간 노동을 하지 않을 것이라는 일반적 통념과는 달리 더 많은 소비를 위해 더 많은 노동을 해야 하는 악순환에 빠지게 되었다. 주택, 자동차, 교육, 의료 등 높은 수준의 소비는 장시간 노동을 강요하게 되고, 대출과 신용카드를 앞세워 선소비를 충당하려고 개별 노동자는 더 오래 더 열심히 일에 헌신해야 한다. 매달 갚아야 하는 대출금과 카드 대금 때문에 회사를 그만두고 싶어도 그만두지 못한다. 결국 개별 노동자는 일과 소비라는 악순환의 고리에서 탈출하기가 쉽지 않게 되었다. 더 큰 집, 더 큰 자동차를 마련하기 위해 대출을 받는다. 더 넓고 더 큰 자동차는 인간답게 사는 기준이 되어 버렸다.

일하기 위해 냉장고를 사야하고 그 냉장고를 채우기 위해 더 많은 일을 해야 한다. 이제 생산하기 위해 노동해야 하는 것이 아니라 소비하기 위해서 노동해야 한다. 이 과정에서 실질 소득은 별로 늘지 않는 데도 대출만 늘어나 빚만 더 쌓이는 악순환이 계속되었다. 빚이 소득보다 훨씬 빠르게 늘면서 사람들은 부채의 덫에 빠진다. 2020년 1분기 말 기준, 가계부채는 1,611조원으로 명목 국내총생산GDP 대비 98.5퍼센트에 달하며, 이는 세계 최고수준이다. 이미 국제결제은행BIS 기준 위험 수위인 80퍼센트를 훨씬 넘었다.

마르크스의 관점에서 보면 자본가는 더 많은 잉여가치를 얻기 위해 노동자의 삶을 짓밟고 착취했기 때문에 자본주의를 무너뜨리고 새로운 노동자의 세상을 만들 것을 주문했다. 하지만 오늘날 이러한 마르크스의 기대는 물거품이 되었다. 노동자가 마르크스를 배신하고 자본가와 동업자가 되어 소비사회를 구축한 것이다. 자본주의와 부에 대해 누구보다 깊이 사유한 철학자인 마르크스가 인간의 탐욕을 간과한 것이다. 이는 과거 노동시간 증가의 원인이 자본가의 잉여가치에 대한 욕구에서 기인했다면 이제는 노동자 스스로 일정한 품위를 유지하기 위한 소비이데올로기가 이를 허락하지 않기 때문이다.

2004년, 한 카드 회사의 CM송으로 인기를 끌었던 "아빠 힘내세요, 우리가 있잖아요."는 일에 지친 아빠를 응원하기 보다는 "아빠 우리가 갖고 싶은 것 다 가질 수 있게 쉬지 말고 일하세요."로 해석해야 될 것 같다.

'모든 경제의 주체는 오로지 이기심에 따라 행동한다.'는 경제학의 제1원칙이 오늘날 우리의 삶에도 예외없이 적용된다. 그래서 성경은 노동을 신이 내린 형벌로 정의했던 것이다.

5

•••

트럼프가 좋아하는 색깔은?

이 세상에 존재하는 모든 어휘가 사라진다 해도 끝까지 살아남을 한 단어를 떠올려보라! '엄마', '우정', '가족', '형제', '믿음', '정의' 등이 예상되는가. 나는 감히 '사랑'이라고 하겠다. 신과 인간, 연인과 친구, 가족과 공동체를 이어주는 사랑도 있지만 가장 초월적 사랑은 연인의 사랑 즉 '에로스'다. 그런 사랑을 해보지 못했다면 지금도 늦지 않았다. 한 남녀의 만남이 인류 역사의 시작이었다면 마지막 남녀의 이별은 역사의 종말이기 때문이다.

또한 인류 역사상 최대, 최다 이야기는 남녀 간의 사랑 이야기이기 때문이기도 하다. 고대의 신화에서부터 동화, 오늘도 방송되는 드라마, 영화에 이르기까지 수 천년동안 사랑 이야기는 끊임없이 인간의 관심과 미움을 받아왔다. 사랑은 숙명적으로 이성과 질서를 넘어서 본능과 자유를 추구한다. 사랑은 삶과 역사의 운명까지도 바꾼다. 그래서일까. 셰익스피어는 비극, 희극, 사극 등 총 39편의 작품 중 무려 22편이 남녀 간의 사랑을 주제로 독자들을 감동시켰다. 특히 『오셀로』는 고귀한 사랑을 넘어 용맹스러운 장군 오셀로가 질투와 의심에 가득 찬 의처증 환자로 떨어지기까지의 과정을 통해 인간의 욕망과 그 낙차를 볼 수 있는 작품이다.

『오셀로』의 작품 초반 주인공인 오셀로는 주변의 모든 사람들이 칭송을 아끼지 않는 고결하고 관대하며 품위 있는 인격의 소유자다. 만인에게 존경과 인정을 받지만 악마 '이아고'가 놓은 덫에 걸려 질투심에 사로잡히자 그의 감정은 이성을 압도하고 만다. 셰익스피어의 비극에서 주인공은 이렇듯 격한 감정을 이성으로 다스리지 못할 때 더욱 비극적인 상황으로 빠지게 된다. 결국 강렬한 질투심에서 비롯된 오셀로의 자기중심적 결함은 스스로를 괴물로 만들어버린다. 문제는 오셀로를 괴물로 만드는 환상이 오늘날의 가상현실이 아니라는 점이다. 그건 300만 년 전부터 인류가 남녀로 나뉜 이래로 늘 존재했던 감정적인 질투가 빚어내는 환상이다. 악마 이아고의 극심한 질투심은 오셀로의 질투심으로 전이되고 결국 모두가 파국을 맞게 된다. 인간의 여러 격정 중 철저히 질투심에 초점을 맞춘 이 작품에는 질투의 속성에 대한 언급이 자주 등장한다.

"그들은 이유가 있어서 질투하는 것이 아니에요.
그저 질투심이 많아서 질투하는 거지요.
질투심은 스스로 잉태되어 태어나는 괴물이에요." [13]

『오셀로』는 질투의 화염 속에서 몸부림치는 인간의 이기적인 단면을 적나라하게 보여주는 사랑에 대한 영혼의 전투기록이다. 쇼펜하우어는 "인간은 근본적으로 야만적이기에 끔찍한 짐승과 다를 바 없다."라며 문명이란 그런 야수성을 억제하고 길들이는 과정이라고 생각했다. 불행히도 그는 문명이 성공적인 결과를 얻는 경우는 거의 없다고 확신했다.

인간 본성의 끝없는 이기주의로 인해 모든 인간의 가슴에는 질투, 증오, 시기, 분노가 독사의 독처럼 차곡차곡 쌓이고 합쳐져 사슬이 풀린 악마마냥 폭풍처럼 터져 나올 기회만을 노리고 있다는 것이다. 그것은 개인간, 조직간, 비즈니스에도 영역을 가리지 않고 들끓고 있다.

● 『격노한 메데이아』는 메데이아가 남편 아이손에 대한 외도와 불신으로 복수를 위해 사랑하는 자식을 무참히 칼로 찌르려는 장면을 묘사한 작품이다. 배신한 남편을 죽이기보다는 그가 가장 사랑하는 자식을 죽이는 것이 더 큰 복수라고 생각했다. 젖가슴을 드러낸 채 두 아이를 끌어안고 있는 여인은 전형적인 어머니로서의 모습이 아니라 질투의 화신 헤라를 상상하게 만든다.

외젠 들라크루아, 〈격노한 메데이아〉, 1862, 캔버스 유채, 122×840cm, 파리 루브르 박물관

비자카드 광고에 이른 문구가 실린 적이 있다. "아메리칸 익스프레스 카드는 왜 초록색일까요?" 바로 '질투' 때문이다. 슈퍼맨의 초능력을 없애고 죽일 수도 있는 크립토나이트의 대표적인 색이 초록색이다. 셰익스피어의 시에서는 "질투는 초록색 눈을 갖고 있다."고 한다. 한편 중국에서 녹색 모자는 '아내는 바람이 났는데 나는 그걸 모르고 있는 바보'라는 뜻이다.

미국의 제45대 대통령인 도널드 트럼프의 『거래의 기술The art of the deal』이라는 책을 보면 그가 억만장자인 아드난 카쇼기Adnan Khashoggi의 저택에 방문한 내용이 나온다. 그곳에서 트럼프는 방의 크기를 보고 크게 놀랐다고 한다. 실제로 이전에 그가 봤던 어떤 방과도 비교가 안 되는 엄청난 크기였다. 트럼프는 곧바로 트럼프 타워에 있는 자신의 펜트하우스 인근의 아파트를 사들여서는, 사이의 벽을 허물고 건물을 연결하여 아드난의 방보다 훨씬 더 큰 거실을 만들었다.

"솔직히 말해 제겐 길이가 24미터나 되는 거실이 필요하지 않습니다. 단지 제 자신이 거대한 거실을 갖고 있지 않다는 사실이 불편했습니다."라고 트럼프는 시인했다.

고결한 예술의 중심에도 질투는 빼놓을 수 없다. 진실로 무엇을 원하면서, 혹은 남몰래 질투하면서 겉으로는 아무렇지 않은 척하는 것이다. 프로이드는 이렇게 말한다.

"예술가들은 권력과 재산과 아름다운 여인의 사랑을 포기하고 예술만을 추구한다. 하지만 예술가들이 예술을 통해 얻고자 하는 것은 바로 그 권력과 재산과 아름다운 여인의 사랑이다."

그림 앞의 남자가 뒤에 보이는 두 연인의 불타오르는 관계를 경직된 눈으로 바라보고 있다. 아니나 다를까, 남자의 두 눈은 질투의 화신인 초록색에 가까운 형형한 눈빛을 하고 있고 초록색 옷과 초록색 나무가 그림을 집어삼키는 듯하다. 연인의 관계는 여인의 드레스 사이로 보이는 나신을 통해 이미 육체적 관계를 넘어선 뜨거운 관계임을 암시한다. 붉게 상기된 남녀의 얼굴, 남자가 들고 있는 붉은 꽃의 정열, 배경으로 서있는 선악과를 연상케 하는 붉은 열매가 달린 과수목. 이 모든 광경을 지켜보는 한 남자가 있다. 그는 바로『절규』로 유명한 노르웨이의 대표화가 에드바르 뭉크

● 에드바르 뭉크, 〈질투〉, 1895, 캔버스 유채, 67×100cm

Edvard Munch였다. 실제로 뭉크는 어린 시절 친구인 다그니 유을을 사랑하게 된다. 그러나 유을은 뭉크의 사랑을 받아주지 않고 다른 남자와 결혼을 하게 되는데, 이때 느꼈던 질투와 고뇌를 그림으로 표현했다.

따지고 보면 우주에서 세계를 움직이는 것은 바로 '사랑'이 아니라 '질투'다. 자본가들은 생산물의 소비를 위해 질투심과 같은 인간의 욕망을 이용한다. 예를 들어 어떤 사람이 칭기즈칸의 위인전을 읽다가 질투하는 경우는 없을 거다. "아니 칭기즈칸이 어떻게 세계 최대의 제국을 건설했을까?", "어떻게 그가 40여 국을 역사상 전무후무한 대제국을 건설하면서 정복자로 이름을 남겼을까?", "나와 비교되는 걸?"이라고 하는 경우는 없다는 거다. 주로 질투심은 우리주변에서 일어난다. 철학자 헬무트 쇠크Helmut Schoeck는 "탁월한 재능을 가진 사람이 아니라 자신보다 약간 나은 사람에게 품는 질투야 말로 진짜 질투"라고 주장했다. 제국의 아이들 광희가 성형수술을 하게 된 배경도 같은 멤머인 임시완을 질투하고, '이렇게 연예인을 그만둘 수 없다'는 생각에 성형을 하게 되었다.

페이스북, 인스타그램과 같은 SNS는 모르는 사람과도 연결하지만 그들이 연결하는 사람들은 대체로 그들과 성향과 취미, 학벌, 나이 등이 비슷한 사람들의 집합체다. 전혀 모르는 사람들과의 연결이 아니라 비슷한 성향을 가진 사람들끼리 연결되도록 알고리즘이 짜여있기 때문이다. 취미와 특기 몇 점, 직업 몇 점, 나이 및 성별 몇 점이라는 식으로 점수를 매겨서

끼리끼리 문화를 만든다. 끼리끼리 문화로 뭉치면 질투심이 더욱 강렬해진다. 인스타그램 친구가 명품가방을 메고 쇼핑하는 사진을 올린 걸 보게 되면 질투심을 느낀다. 그 질투심은 자신의 소득수준 이상의 과소비로 이어지게 된다. 친구나 친척의 자녀가 명문대학 입학 축하를 자축하는 인증샷을 올리면 그것을 보고 사교육에 과도하게 투자하거나, 하물며 옆집 같은 반 친구가 유럽으로 여행간다고 하면 미국으로 여행을 가는 것도 같은 맥락이다.

놀라운 일은 질투심의 대상이 반드시 사람만이 아니라는 것이다. 2015년 영국 '데일리 메일'의 보도에 따르면, 브라질의 27세 남성, 마우리시오 갈디Mauricio Galdi가 여덟 번에 걸친 성형수술을 통해 '켄' 인형과 닮은꼴이 되었다. 그가 17세가 되던 해에 본인의 외모가 결코 뛰어나지 않다는 사실을 알고, 바비인형의 아름다운 외모를 질투한 후 성형수술을 하기 시작했고, 오늘날 바비인형처럼 되었다. 나이가 들어감에 따라 외모에 대한 욕망은 점점 줄어들었지만, 인형의 아름다운 외모에 대한 미련은 여전히 남아 있다고 한다. 질투심이 강한 사람은 마음속에서부터 질투심이 뻗어 나와 항상 추구할 대상을 찾아내기 때문에 결코 만족하는 법이 없다.

최근 나는 개그맨 김제동씨가 질투의 대상이다. 강연의뢰를 했더니 회당 1,500만원을 달라고 한다. 1,500만원은 현재 내 몸값에 대한 비교대상이자 선망의 대상이 되었다. 혹자는 말한다. "김제동을 칭기즈칸처럼 생각하라"고. 아니면 오셀로처럼 질투심의 괴물이 되어야하나.

타인의 질투를 유발시켜 자신의 우월성을 드러내는 사람들도 적지 않다. 재산이나 소유물, 능력을 과도하게 드러내며 자신이 더 우월하다는 사실을 만천하에 알리는 사람들을 적지 않게 목격할 수 있다. 내가 아는 강남에 소재한 모 CEO는 넓은 평수의 대치동 아파트에 살고, 명품 자동차만 3대, 출퇴근은 롤스로이스로 하며, 점심은 한국에서 가까운 중국, 일본, 홍콩 등에서 당일 현지식을 먹고 온다. 얼마 전에는 분식회계로 구속되었음에도 불구하고 '큰집(감방)'에는 아무나 가는 곳이 아니라며 허풍을 떨며 잘난척한다.

자신이 소유한 것, 할 수 있는 것을 과시하고 자랑하는 사람은 타인의 질투심이 자신을 사회적으로 인정해 주는 것이라고 자평한다. 그러면서 만족감에 젖어 스스로 다른 사람들과 사회적 거리감을 조성한다. 자신은 그들의 위에, 타인은 그 아래에 배치시켜 스스로를 보호하고 우월감을 드러낸다. 그리고 타자는 절대 자신과 동등한 위치로 올라올 수 없도록 방어막을 친다. 혹 자신의 존재감에 비교열위가 되면 불쾌감을 드러내고 공격도 서슴치 않는다. 사람들은 질투의 대상이 되고 싶은 이기심 때문에 종종 자신의 위치와 재산, 능력 등으로 판단하는 오류를 범한다. 이런 사람일수록 자신이 가진 재산이 많거나 능력이 뛰어나 보이면 감정적으로 예민하게 반응한다. 즉 타인의 질투를 자극하는 사람일수록 질투심에 사로잡히기 쉽다. 결국 질투심뿐만 아니라 질투의 대상이 되는 것 역시 양날의 검처럼 이중적이다.[14]

인간 모두는 살면서 다양한 형태의 질투와 맞닥뜨리게 된다. 그렇다고 질투심을 단순히 인간적인 결점으로 폄하해서는 안된다. 왜냐하면 이미 우리 사회는 매일 사회적, 경제적, 문화적 불평등과 마주하고 있기 때문이다. 질투의 대상이 충분히 납득할 만한 것도 있지만 대부분 상황이 자의적이고 납득하기 어려운 경우도 많다. 내가 대학원을 진학한 이유는 입사 동료가 나보다 좋은 대학을 나왔다고 해서 월급을 10만원 더 받아갔기 때문이다. 여자들이 남자들보다 월급이 적은 경우도 그렇다. 분명 질투심에는 차이가 존재하는데, 분배적 공정성이 자의적으로 이루어지면 더욱 심해진다. 그렇다면 불평등한 분배가 아닌 평등한 분배란 무엇일까? 다음의 네가지 원칙 중 당신은 어느 것을 적용해야 한다고 생각하는가?

① 모두 균등하게 배분하기
② 모두 원하는 만큼 받기
③ 능력만큼 받기
④ 각자 필요한 만큼 받기

전국 직장인 남녀 1,200명을 대상으로 설문 조사한 결과, 52.3퍼센트는 '③ 능력만큼 받기'가 가장 평등한 분배라고 대답했다. '④ 각자 필요한 만큼 받기'에 응답한 사람은 29.5퍼센트였고, '① 모두 균등하게 배분하기'는 13.7퍼센트였다. 마지막으로 '② 모두 원하는 만큼 받기'는 4.5퍼센트에 불과했다.

설문조사를 종합하자면 절대적 분배, 모두가 평등한 분배란 민주주의 탈을 쓰고 있는 어떤 문화권이나 공동체에서도 이루어질 수 없음을 알 수 있다. 결과적으로 '능력만큼 받기'에 응답 비율이 높은 것처럼 질투심은 삶의 필수 요소이며, 우리 사회에 불평등이 만연할 수밖에 없다는 것을 반증한다. 즉 스스로는 평등한 분배의 수혜를 입을 수 있지만 타자까지 모두 평등한 세상은 받아들일 수 없다는 이기적 심리가 숨어 있다는 것이다. 머릿속에 지푸라기만 들어 있을 것 같은 인간이 건초더미처럼 엄청난 돈을 소유하고 있으면 부당함을 느끼는 것이 인간의 심리이기 때문이다.

질투심에 대한 욕망이 충족되지 않는 경우 질투의 방향이 더욱 격정적으로 바뀌기도 한다. '다른 사람이 가졌으니 나도 가져야 한다.'라는 생각에서 '내가 가질 수 없다면 다른 사람도 가져서는 안된다.'는 욕망으로 변질되어 종종 위험 수위를 넘어서게 된다. 연예인을 향한 악성댓글, 영화계 평점테러 등이 그러하다. 악플 대(對) 선플 비율을 조사한 결과를 보면 한국의 악플은 일본의 4배, 네덜란드의 9배에 달한다. 영화 『군함도』는 평점테러의 대표적 희생양이다. '군함도'는 이례적으로 개봉 당일에만 네티즌 평점이 1만399개가 쏟아졌고 이 중 1점은 4,054개로 39퍼센트를 차지했다. 개봉 이튿날에도 총 9,913개의 평점 중 절반이 넘는 5,440개가 1점이었다. 1점을 준 네티즌들은 대부분 스크린 독과점과 역사 왜곡에 관련한 악평을 쏟아냈다. 인간 스스로가 이기적인 존재인지를 망각하는 이유가 있다. 인간의 후각은 낯선 냄새를 맡으면 시기와 질투로 바로 반응한다. 하지만 한동안 냄새가 지속되면 거기에 적응한다. 코와 뇌는 혐오감을 일으키는 새로운 냄새라도 그 냄새에 적응하고 나면 더 이상 감지하지 못한다. 사람들은 이러한 방식으로 이기심의 깊이를 더한다. 그 대상이 비록 사랑하는 가족일지라도 말이다.

그렇다면 질투심을 치료하는 방법은 없을까? 매사에 비교하는 습관을 없애야 한다. 즐거운 일이 생기면 그 일 자체를 충분히 즐겨야지 다른 사람에게 일어나는 일에 비교하면 안된다는 뜻이다. 질투심이 많은 사람은 이렇게 말한다. "그래 내 애인은 사랑스러워, 나는 그 여자를 사랑하고 그 여자도 나를 사랑하지. 하지만 엘리자베스 여왕은 틀림없이 더 우아했을 거야. 아, 내게 영화 속 여배우와 사랑을 누리는 행운이 있다면 얼마나 좋을까!"

이러한 비교는 아무런 의미도 없는 어리석은 짓이다. 자신의 애인에게 만족하는 못하는 원인이 엘리자베스에 있든, 영화 속 여배우에 있든 아무런 차이가 없다. 엘리자베스나 여배우 모두 허망한 것은 마찬가지다. 현명한 사람은 누군가가 가지고 있는 어떤 것 때문에 자신의 즐거움을 망치지 않는다. 공작새는 다른 공작새의 꼬리를 부러워하지 않는다. 공작새들은 저마다 자기 꼬리가 세상에서 가장 훌륭하다고 믿고 있기 때문이다. 주어진 자신의 가치를 즐길 줄 아는 사람이 진짜 질투의 대상이다.

PART

2

경제,
지속되는 경제적 환상

사람에게 상처를 입히는 세 가지가 있다.

번민과 말다툼과 빈 지갑,

그 중에 빈 지갑이 가장 크게 사람에게 상처를 입힌다.

- 탈무드 -

부자가 많으면 나라는 망한다

오늘날 기업은 위대한 혁신을 이루어왔다. 그들은 기하급수적으로 축적한 자신들의 부를 활용하여 전자통신, 컴퓨터 공학, 의료 장비, 교통, 제약 등 수없이 많은 분야의 혁신에 투자하여 인간의 삶을 풍요롭게 만들었다. 매우 긍정적인 효과다.

기업의 긍정적 효과로 축적된 부자는 어느 정도일까? 『포보스』에 따르면 다양한 채널을 통해 부를 창출한 지구촌의 억만장자는 1987년에 성인 1억 명당 겨우 5명이었는데, 2013년에는 30명이다. 그들은 1987년에 전 세계 민간자산의 0.4퍼센트를 소유했지만, 2013년에는 1.5퍼센트 이상을 소유한다.

미국의 경우, 1976년 상위 1퍼센트가 부의 19.9퍼센트를 소유하고 있었다. 2010년 상위 1퍼센트의 부는 전체의 35.4퍼센트로 늘어났다. 2010년 상위 5퍼센트는 전체 부의 63퍼센트를, 상위 20퍼센트는 88.9퍼센트를 차지했다. 남은 하위 80퍼센트가 가진 부는 전체의 11.1퍼센트에 불과했다. 월마트를 소유한 월튼 일가의 개인 6명이 미국 전체 가구 순자산의 41퍼센트 이상을 소유하고 있다는 부의 불균형은 더욱 놀라운 사실이 아닐 수 없다. 이러한 현상은 미국에서만 일어나는 일은 아니다. 브라질은 상위 10퍼센트가 소득의 50.6퍼센트를, 멕시코는 50.6퍼센트를, 아르헨티나는 41.7퍼센트를 차지하고 있다. 남미 대륙 전체로 보면 하위 20퍼센트 인구가 소득에서 차지하는 비중은 3.5퍼센트에 지나지 않는다.

이것은 단순히 통계수치의 문제가 아니라 인간 조건의 문제다. 이러한 통계수치의 이면에는 인간의 불행, 고통, 빈곤, 굴욕, 실추된 자존감의 바다가 자리잡고 있다. 지금도 이 바다는 통계 불가능한 수준으로 증가하여 수많은 사람들을 집어삼키고 있다.

문제는 기업이나 특정 개인이 부를 걷잡을 수 없이 축적함으로써 발행하는 부정적 효과에 대해서는 제대로 거론되고 있지 않다는 것이다. 1970년 과테말라는 전체 토지의 75퍼센트가 2퍼센트의 부유한 부자들에 의해 소유되었을 정도로 분배의 왜곡이 심했다.

빈곤과 굶주림에 시달리는 농민들은 좌파 이데올로기에 무장한 반정부 좌익 게릴라 단체에 의지할 수밖에 없었다. 1962년부터 1996년까지 벌어진 내전으로 인해 총 10만 명의 사망자와 5만 명이 실종자, 그리고 20만 명의 난민이 발생하게 되었다.

분배의 왜곡은 한국에서도 자행되고 있다. 우리나라 경제규모가 세계 10위권으로 커지면서 다국적 기업의 국내 진출도 크게 늘었다. 글로벌 자동차업체의 한국시장 상륙이 그 대표적인 경우다. 2002년 1.3퍼센트에 해당되던 수입차 국내시장 점유율이 2015년에는 15.5퍼센트로 급증했다. 한국소비자들에게 큰 사랑을 받았다는 뜻이기도 하다. 그런데 폭스바겐, BMW, 벤츠 등의 글로벌 기업들이 사회적 책임도 다 하고 있을까? 2014년 폭스바겐은 2조8,000억원의 매출을 올렸음에도 불구하고 단 한 푼의 기부도 하지 않았다. 폭스바겐뿐만 아니라 국내 수입차 업체의 감사보고서를 살펴보면 매출액(36조원)대비 기부금(137억원) 비율은 0.35퍼센트에 불과하다. 요즘 국내 소비자들이 선호하는 SUV차량을 판매하는 크라이슬러, 볼보도 매출이 많게는 3배 가깝게 늘어났음에도 불구하고 단 한 푼도 기부하지 않았다. 그러나 해외이사의 주주이익 챙기기에는 적극적이다. 주주배당금이 2,400억원, 순이익의 30퍼센트나 된다. 이는 한국 소비자들에게 지출한 기부금과 비교하면 무려 17배나 많은 액수다.

　2011년 무고한 시민의 목숨을 앗아간 옥시본사 옥시레킷벤키저는 각종 사회책임경영지수 3관왕에 올랐다. 영국 내에서 미등록 화학물질은 철저히 사용하지 않는다. 하지만 한국에서는 453만 개나 되는 치명적 가습기살균제를 팔았다. 2018년 5월 기준으로 한국 정부에 접수된 가습기살균제 피해자 수는 6,018명이고, 그 중 사망자만 1,325명에 이른다. 이런 가운데 옥시레킷벤키저는 자사 제품인 '개비스콘', '스트렙실' 등에 대해 옥시 홈페이지와는 별도 제품 홈페이지를 개설해 옥시와 별개인 것처럼 마케팅을 펼치고 있어 소비자를 우롱하고 있다. 특히 '세계판매 1위'라며 TV, 유튜브 광고 등을 통해 일반 소비자를 대상으로 홍보에 열을 올리고 있다.

어떻게 인간이 이렇게 이기적일 수 있을까. 인간의 본성은 악해서 자연 상태로 두면 만인에 대한 만인의 투쟁으로 나타난다는 영국의 철학자 토마스 홉스Thomas Hobbes의 성악설을 우리는 인정하지 않을 수 없다.

무엇보다 부자들에게 돌아가는 부의 분배가 늘어날수록 일반 사람들에게 돌아가는 몫이 줄어들 수밖에 없다. 문제는 여기서 끝나지 않는다. 경제적 가치의 몫뿐만 아니라 인간의 자유로운 삶의 영역도 줄어들게 만든다. 예를 들어 부자들이 해변을 소유하면 일반 사람들은 그 해변을 경험할 기회를 박탈당하게 된다. 왜냐면 일반 사람들의 출입을 금지시키기 때문이다. 이는 '경험의 상실'이다. 비단 해변뿐만 아니다. 부자들은 엄청난 부를 기반으로 공무원에 대해 정치적 로비와 영향력을 행사한다. 또한 매스컴을 소유하고 지배하여 공적 담론에 대한 통제권을 강화한다. 이러한 통제권은 의료, 문화, 정치, 사회, 경제 등으로 확대된다. 한때 제너럴모터스는 죽음을 초래할 수도 있는 결함이 있는 자동차를 판매한 적이 있었다. 회사 측은 그 위험을 알고도 침묵을 지켰다. 효용보다는 비용을 위해 일반 소비자에게 목숨을 전가한다.

요즘 전 세계적 현상 중 자본의 대물림을 넘은 재능의 대물림 현상이다.

TV만 켜면 연예인이나 정치인 가족이 나온다. 유명인 아이는 산후조리원 때부터 스타가 되어 똥 싸고 밥 먹는 평범함이 이들에게는 비범한 동경의 대상이 된다. 특별한 생활사를 보여줘야 하기에 중산층 이하의 연예인이나 정치인 가족은 대상에서 제외된다. 아이들은 부모의 자산은 물론 인맥, 인기까지 상속받는다. 스타는 스타를 낳고, 가난한 부모는 비정규직과 알바를 낳는다. 연예인 자녀라고 모두 똑똑하고 인물이 좋은 것도 아니지만, 부모의 유명세를 타고 빈곤층 자녀의 아이들에 비해 300㎞ 먼저 출발해 손쉽게 직업전선에서 기득권을 갖는다.

빈곤층은 부자에 비해 정신적·신체적 건강에도 부정적 영향을 미친다. 소득수준에 따라 우울감을 경험한 비율을 조사한 결과 부자(8.2%)에 비해 빈곤층은 2배(16.8%)나 높게 나타났다. 뿐만 아니라 흡연율, 고위험 음주율도 부자에 비해 높게 나타났다. 더 큰 문제는 소득불균형의 영향으로 빈곤층의 자녀들은 부자에 비해 흡연율이 2.3배, 음주율이 1.8배 높게 나타났다. 낮은 소득도 서러운데 건강까지 차별을 받아야하는 빈곤층의 삶은 위태롭기만 하다. 더구나 그들의 삶은 코로나19로 인해 가난을 넘어 생존까지 위협받고 있다.

이러한 양상은 현재 시대를 대표하는 양극화가 사회를 더욱 분할시키고 구획화한다. 양극화란 대상 집단이 오직 두 개의 집단으로 명확하게 구분됨을 전제로 한다. 부유층과 빈곤층으로 나뉘어 집단 내 동질성은 강화되고 격차는 확대된다. 소위 양반과 천민으로 구분되어 양반은 그들의 필요

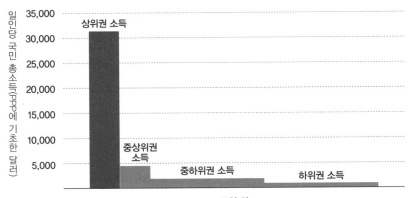

일인당 국민 총소득(PPP에 기초한 달러)

35,000
30,000
25,000
20,000
15,000
10,000
5,000

상위권 소득

중상위권
소득

중하위권 소득

하위권 소득

10억 명

PPP란 구매력 평가를 말하며, 이는 여러 나라의 생계비를 비교하여 조정한 수치다.
출처 : 세계은행, World Development Report, 2006

에 따라서 천민을 고용한다. 경제성장이 이루어지더라도 대부분의 과실은 부유층인 양반에게 배분될 뿐 천민은 노동만 늘고 소득에는 변화가 없다.

유럽연합 통계 기구인 유로스타트와 이탈리아 통계청에 따르면 2008년 이래 이탈리아의 절대 빈곤층은 300만 명이 늘어나 역내에서 가장 큰 폭의 증가세를 보였다. 이에 따라 절대 빈곤에 처한 이탈리아 인구는 2016년 기준으로 총 470만 명으로, 10년 만에 3배 가까이 확대됐다.

위 그림을 보면 부자 나라의 소득 수준에 비해 정말 돈 같지도 않은 돈으로 살아가는 사람이 얼마나 많은지 한눈에 알 수 있다. 소득이 높은 나라에서는 연간 1인당 3만 달러를 넘기지만 세계 인구의 나머지 2분의 1은 일년에 5,000달러도 벌지 못한다. 세계은행 기준에 의하면 2001년에 전 세계 인구의 절반 이상이 하루에 2달러가 되지 않는 돈으로 살아가고 있으며, 21퍼센트는 하루 소득이 1달러도 되지 않는다. 이는 세계적으로 30억의 사람들이 하루에 2달러 이하의 소득으로 살고 있다는 것을 뜻한다. 남아시아와 아프리카에서는 76퍼센트의 인구가 하루 소득 1달러 이하로 살고 있다.[15] 영국에서 산업혁명이 출연한 이래 250년이 흘렀다. 그동안 자본주의를 지지한 전통 경제학자들의 주장이 옳았다면, 그들이 말한 경제성장으로 이미 오래 전에 지구상에서 양극화는 존재하지 않았어야 하고, 빈곤층은 사라져야 했다.

지금까지 기업들이 공헌한 바를 폄하하는 것이 아니다. 문제는 지금부터다. 기하급수적으로 늘어나는 사적인 부를 견제할 공적 기구가 제대로된 역할을 못하면 대한민국의 헌법은 부자들 기준으로 개정될 것이다. 결국 부를 가진 소수가 다수를 지배하는 현실이 다가올 수 있다. 내가 부자가 되지 않으려하는 이유이기도 하다.

'유령 이야기'를 부제로 한 『자본주의』의 저자 아룬다티 로이Arundhati Roy는 12억 명이 넘는 인도를 중심으로 불평등한 자본주의의 경제체제를 폭로한다. 상위권 부자 100명의 자산이 국내총생산 4분의 1을 차지하는 나라에서 8억의 인도인들은 가난과 빚에 쪼들리며 유령으로 존재한다. 성장의 수혜자는 돈을 토해내는 수도꼭지를 이들의 힘으로 점유하고, 토지나부의 재분배를 요구하는 목소리는 미친놈의 소리라고 일축한다. 더 많이 가진 자가 더 많이 갖게 되는 '분수효과'로 인도의 최고 갑부는 세계 최고가의 집까지 갖게 되었다. 헬기 착륙장이 세 곳이나 되는 27층 개인 집이다.

이러한 격차와 심화되는 불평등이 어떻게 가능한가. 세계 최대 규모의 인도 육군이 동원돼 세계에서 가장 가난하고 굶주린 사람들에 대해 전쟁을 선포하고 사지로 내몬다. 중앙인도를 개발하기 위해서 강제이주 대상이 된 원주민들은 마오주의자로 내몰려 죄목도 모른 채 수감된다. 항의하던 원주민 교사를 고문한 경찰은 무공훈장을 받고, 교사는 아직도 감옥에 있다. 그렇지만 이러한 현실은 인도의 언론에 보도되지 않았다.[16]

토마스 홉스는 인간이 부정의 또는 악행의 피해자가 될 수밖에 없다는 것을 깨달을 때, 사람들은 악행을 저지르지도 악행으로부터 고통을 당하지도 않도록 '계약syntheke'을 체결한다고 강조했다. 여기서 흥미로운 점은 이러한 계약의 필요를 느끼지 못하는 사람들에 대한 언급이다. 글라우콘[*]은 사람들이 계약을 준수하는 이유가 정의 그 자체에 대한 복종에서 기인한다고 보지 않는다. 대신 그는 계약에 참여한 사람들이 처벌을 피할 수 있을 만큼 강하지 못하다는 상황적 제약에서 그 이유를 찾는다.

부정의를 저지를 수 있는 사람, 그리고 진정한 사람이라면 누구와도 부정의를 저지르지도 부정의로 인해 고통당하지도 않도록 하자는 계약을 체결하지는 않을 것이다. 그건 미친 짓이기 때문이다.[17] 오늘날 알고도 계약을 하는 우리는 미친 사람이다.

---

[*] 글라우콘은 플라톤의 작은형으로 『국가』편에서 중요한 대화자로 등장한다. 그는 사람들이 '결과 때문에 올바른 행동을 할 뿐 올바르지 못한 사람이 더 행복하게 살 수 있다.'고 주장한다.

능력이라는 이름의 허구

신자유주의는 1970년 후반부터 정부의 적극적인 개입을 내세운 케인스주의가 쇠퇴하면서 자유 시장의 논리를 설파하는데 어느 정도 성공을 거뒀다. "사회와 같은 것은 존재하지 않는다. 개별적인 남성과 여성만이 있을 뿐이다."라는 철의 여인인 마가렛 대처의 유명한 말은 신자유주의의 핵심적 원리로 볼 수 있다.

신자유주의가 나름의 성공을 거두게 된 배경에는 '능력주의meritocracy'가 결정적 역할을 했다. 능력주의를 정치 이념으로 정립한 이는 미국 독립선언문 초안 작성자이자 3대 대통령이었던 토머스 제퍼슨Thomas Jefferson이었다. 제퍼슨은 타고난 부와 출생에 뿌리를 둔 귀족이 사회를 주도했던 구대륙 유럽과 달리 재능과 천재성에 근거한 귀족이 등장할 수 있는 나라를 신대륙에 세우는 데 있었다. 재능 있는 이가 노력을 기울이면 누구나 엘리트인 '자연적 귀족'이 될 수 있다는 게 제퍼슨의 능력주의였다. 미국 외의 국가에서 살고 있는 외국인들이 기회의 땅 미국으로 이민 간다며 등장한 '아메리칸 드림'의 역사적·철학적 기원은 바로 여기에 있다.

능력주의는 중세 신분사회의 질서를 무너뜨리고 '개천에서도 용이 날 수 있다'는 관점에서 개인의 잠재력을 중시하는 긍정적 효과가 있다. 구두닦이 소년이 백만장자가 되고, 신문팔이가 미디어 왕국의 제왕이 되고, 주차장의 차고에서 인터넷 기업의 억만장자가 되는 신화가 그러하다. 양초제조업자 아들인 벤자민 프랭클린에서 아칸소주 촌뜨기인 빌 클린턴에 이르기까지 연줄과 배경이 아니라 성실함과 능력이 바탕이 되면 누구나 성공할 수 있는 믿음은 신자유주의를 지탱해온 기본 가치였다.

하지만 20세기 후반에 들어 신자유주의는 한계를 드러내기 시작했다. 사회가 재능과 경쟁력을 강조하면 할수록 능력 있는 소수와 그렇지 않은 다수 간의 계급 격차가 커졌다. 미국의 경우 1930년대에는 국민의 50퍼센트가, 1960년대에는 30퍼센트가 국가의 부를 통제했지만, 최근에는 국민의 10퍼센트가 국가의 부를 좌지우지한다. 사회적 유동성은 마비되었고 자유는 보편적 공포에 자리를 내줄 수밖에 없게 되었다. 독점은 불법이지만 자동차, 철강, 화학, 석유, IT, 유통 등 선진국을 지금과 같은 거대 산업국가로 만든 중요한 산업들은 소수 대기업의 손아귀에 들어갔으며 결국 지금과 같은 과점 구조가 자리를 잡게 되었다. 부(富)는 인수합병을 통해 또 다른 부를 확장 및 가속화시켰으며, 중소기업이나 자영업자가 시장에 진입하는 것을 아예 원천봉쇄했다. 그 결과 만인의 출발 기회가 동등하다는 신자유주의 가설은 기각되었고, 금수저와 흙수저 등 사회적 풍자를 담론한 '수저계급론'이 등장하게 되었다.

지난 2015년 12월 31일 미국의 경제정보 미디어 블룸버그가 세계 400대 부자를 조사한 결과 한국인은 5명이 포함되어 있었다. 이들은 부의 원천이 상속이었고, 당대에 부富를 일궈 세계 최고 부호 반열에 들어간 사람은 한 명도 없었다. 이러한 변화는 또 다른 변화의 원동력이 된다. 과거에는 종교나 사회, 윤리 같은 조직이나 힘이 전체 조직에 확고히 구분되어 그 힘과 역량이 발휘되었다. 하지만 21세기의 신자유주의는 도덕과 윤리, 종교가 시장, 즉 경제의 힘에 복종하는 포괄적 이데올로기로 변질되었다. 이러한 경제 중심의 포괄적 이데올로기는 인간의 정체성을 통제하고 개인의 욕망과 사고를 식민지화한다. 경제라는 강국의 지배에 의해 도덕과 윤리는 속국으로 전락하게 된 것이다.

기성세대들은 요즘 젊은 세대가 노력을 기울이지 않는다고 평가절하한다. 기성세대들은 돈이 사회와 도덕적 요소를 집어삼키기 전이었기 때문에 타고난 능력과 성실, 근면함 같은 능력적 요인들을 발휘할 수 있는 기회가 있었다. 지금은 부모의 경제적 자원, 부의 세습, 특권의 대물림, 특별한 혜택 등과 같은 비능력적 요인이 압도적으로 지배하면서 개인의 노력으로는 도저히 손쓸 방법이 없는 불가항력이 현재 우리 삶에 훨씬 더 많은 영향을 미치고 있다.

이러한 불가항력을 해소할 수 있는 방안들은 이미 다각도로 제시되어왔다. 사회적 약자들에게 더 많은 교육 기회를 부여하고, 일자리를 제공하는 노동시장을 개혁하며, 소득과 자산·상속에 대한 전향적인 조세정책을 강구하고, 좌절한 이들을 위한 패자부활 제도를 마련했지만 흙수저들의 영역 내에서 경쟁하는 치킨게임이었다.

오른쪽 그림은 프랑스의 인상파 화가인 에드가 드가Edgar De Gas가 그린 무용수의 아름다움을 표현한 작품으로 14세의 어린 소녀가 예쁜 발레 옷을 입고 가냘픈 몸으로 무대 위에서 춤을 추고 있다. 장면을 위에서 내려다보는 과감한 구도와 인공적인 조명의 효과를 표현한 것은 명화로서 높은 점수를 얻는다. 그런데 이 아름다운 그림에 숨겨진 비밀이 있다. 오늘날의 발레는 예술양식의 하나로 여겨지지만 20세기 이전의 발레는 오늘날의 예술이 아니었다. 당시 시대의 오페라나 발레를 상연하는 극장은 상류계급의 사교장으로 상류계급 남성들을 위한 창관娼館이었다. 창관에 상주하는 창녀는 극장의 무용수였다. 무용수는 상류계급의 남성에게 돈을 받는 대신 불건전한 관계를 맺었고, 극장은 이런 빈곤계층의 여성들이 좋은 후원자를 붙잡는 일터였던 것이다.

그림에서 무대 뒤의 검은 양복을 입은 남성은 무용수의 후원자이고, 아름다운 무용수의 목에 어울리지 않은 검은색 목 끈은 돈의 상징이었다. 결국 발레는 흙수저들의 영역내에서 경쟁하는 치킨게임이었으며, 극장은 그런 능력을 발휘해야 생존하는 레드오션 시장이었다.

● 에드가 드가, 에투왈(수석 무용수), 1878, Pastel on paper, 60×44cm, 파리 오르세 미술관

　시대의 변화에도 불구하고 능력주의는 조직의 소속감마저 상실하게 만든다. 조직은 인력을 채용할 때 프로젝트별로 고용하기 때문에 당사자들은 계약 연장의 희망과 기대이상의 보상을 받기 위해 처음부터 서로 경쟁을 벌여야 한다. 그곳에는 인정과 배려, 소속감이 숨쉴 공간은 없다.

　제한된 시간과 정해진 목표를 달성하기 위해서는 공포와 질투, 경쟁만이 존재한다. 소속감의 실종은 팀웍을 중요하게 여기는 축구 경기장까지 전이되었다. 축구광인 루이스 토바크Louis Tobback 벨기에 내무장관은 이런 말을 한 적이 있다. "축구장에서 열한 개의 주식회사가 뛰어다닌다. 선수들의 머릿속엔 한 가지 생각밖에 없다. 다음 시즌엔 어디로 가야 더 많은 돈을 벌 수 있을까?"

결국 신자유주의의 기반인 능력주의는 보편적 이기주의라는 애초의 출발점으로 돌아온다. 타인과 팀웍을 먼저 생각하는 보편적 윤리가 퇴색되면서 새롭게 등장한 도덕적 기준은 순수 공리주의 성격을 띤다. 모든 행위는 조직의 성장과 이윤의 창출로 집중된다. 이를 위해서는 모든 조직이 실시간 평가하고 통제해야 가능하다. 이러한 통제는 개인과 개인의 의심을 낳고 조직은 실시간 평가를 통해 권력을 쌓는다. 결국 개인과 조직 간 부정적 감정이 형성되고 불신으로 이어져 도덕과 윤리는 실종된다. 계약에 의해서만 행동의 정당성을 낳고, 경쟁에서 배제되면 잉여로서의 쓰레기가 되는 삶으로 전락한다.

사람들은 교육이야말로 신분을 향상시킬 수 있는 능력주의의 핵심이라고 생각했다. 상대적으로 척박한 가정에 태어났지만 우수한 교육을 받고 국가고시를 취득하면 높은 소득을 올릴 수 있는 좋은 직업을 가질 수 있다고 강력히 믿어왔다. 이때 교육은 부모의 재력이나 출신 배경과는 상관없이 공평하게 주어지는 동일한 출발선이었다.

하지만 현실에서 교육의 양과 질은 사회계층에 따라서 확연히 구분된다. 부자동네냐 가난한 동네냐의 차이에 따라서 사립인지 국립이지 나눠지고, 예산의 배분이 달라지면서 교육의 질적 수준에 영향을 미치게 된다. 결국 교육은 경제적 수준에 따라 기존의 불평등을 반영하고 정당화할 뿐만 아니라 오히려 더욱 심화시켜 불평등을 대물림하는 잔인한 매개체 역할을 한다. 2016년 취업포털 잡코리아의 조사에 따르면 직장인 1,365명에게 설문한 결과 대한민국에서 성공하기 위해 개인이 갖춰야 할 성공 요소 1순위로 '부모의 재력'이 꼽혔다. 2013년 같은 질문에서 1순위로 나왔던 '학벌'은 4순위로 밀렸다. 부모의 재력이 없는 자녀는 인생의 출발점에서부터 시작된 격차가 평등하게 교육을 받을 수 있는 기회자체를 박탈당하게 된다. 그러면서 양질의 우수한 교육을 받을 수 있는 기회가 차별적으로 주어지게 된다.

그래서인지 요즘 '지성적'이라는 말은 욕이나 진배없다. "그렇게 똑똑한데 왜 돈을 못 벌어?"라는 반문은 능력주의의 한계를 명확히 드러낸다. 즉 비능력주의 요소가 받쳐주지 않으면 진짜 능력은 판타지에 불과하다. 그래서 나는 경영학 박사지만 '지성적'이라는 표현은 하지 않는다.

모든 지배이데올로기들처럼 능력주의는 양방향이 아닌 일방통행 도로와 같다. 능력주의는 결국 경제적 힘을 가진 자들의 욕망을 채워주기 위한 하나의 수단이자 도구에 불과하다. 대다수가 스트레스, 열등감, 자책을 안고 불안 속에서 떨어야 하는 사회는 단기수익을 더 올릴지 몰라도 장기적으로는 침몰로 간다. 인간의 진정한 능력은 남들과의 경쟁적 비교가 아닌 남들과의 연대, 그리고 세상의 눈치를 보지 않는 독창성으로부터 비롯된다. 획일적인 성적순으로 재단되는 능력주의의 저주에서 벗어나 타인의 존재를 인정하면서 자기만의 길로 가는 것만이 인간이 살길이다.

2018년 12월 1일, 멕시코는 89년 만에 좌파 성향인 마누엘 로페스 오브라도르 대통령이 취임했다. 그는 취임과 동시에 "정부는 더 이상 탐욕스러운 소수의 편에 서지 않겠다."면서 신자유주의를 끝내겠다고 선언했다. 지금 멕시코를 비롯한 지구촌은 신자유주의로 인한 빈부격차 심화, 특권의 상속과 부의 세습, 자영업자의 자수성가를 방해하는 대기업, 편견에 의한 차별 등으로 대부분의 나라에서 불안감이 커지는 추세가 뚜렷하다.

인간은 자유를 원하기도 하지만 그 자유가 통제되기도 바라는 이중성을 가지고 있다. 1832년 6월 혁명을 배경으로 한 빅토르 위고의 소설 〈레 미제라블〉에서 자유를 원하면서 동시에 황제 나폴레옹을 그리워하는 사람들의 이중성이 잘 표현되어 있음을 우리는 알고 있다. 과연 진정한 기회의 평등을 이뤄내고 오직 능력만이 삶에 영향을 미치는 사회를 만드는 것이 가능할까.

3

같은 돈 다른 가치

당신에게 '돈'은 어느 정도의 가치인가라고 묻는다면, 한 번에 쉽게 대답하기 어려울 것이다. 더욱이 개인마다 처한 상황이 다르기 때문에, 돈의 가치를 하나의 잣대로 규정하기도 쉽지 않다.

다음의 질문을 살펴보자. 당신은 다음의 세 가지 질문 중에 얼마나 어디에 해당되는가?

Q1. 내가 돈을 낼 때는 남기지 않고 먹는데, 누군가가 사줄 경우엔 '남겨도 괜찮다'고 생각한다.

Q2. 집에서는 화장지를 아껴 쓰지만 공중화장실이나 호텔에서는 마음껏 사용한다.

Q3. 내 돈으로 여행할 때는 일찍 일어나더라도 저가항공을 이용하지만, 회사의 출장 경비가 나온다면 비싼 항공권을 구입한다.

위 질문은 내 돈을 쓰기에는 뭔가 아깝지만 남의 돈이라면 조금은 더 써도 될 것 같은 양면적인 감정들을 말한다. 좀 더 구체적인 수치로 접근해 보자.

> **상황1.** 입장권이 10만원인데 연극을 보러가는 도중 입장권을 잃어버렸다.
>
> **상황2.** 연극 입장권을 사려고 준비한 10만원을 잃어버렸다.

만약 입장권을 살 돈이 남아 있다면 상황1, 2 중 어느 쪽이 입장권을 구입하는 비율이 더 높을까? 이 두 상황 모두 10만원의 손실이 발생했기 때문에 입장권 구입 비율이 같을 것이라고 생각할 수도 있다. 하지만 실제 상황1에서 입장권을 다시 구입하겠다고 한 사람은 46퍼센트인 반면, 상황2에서 입장권을 구입하겠다고 한 사람은 88퍼센트로 거의 두 배에 달했다.[18]

이러한 심리적 현상을 '심리적 회계장부mental accounting'라고 한다. 사람들은 제품 구매나 의사결정시 자신만의 회계장부를 만든 후 '비용cost'과 '혜택benefit'을 비교한다. 내 돈은 비용으로, 타인에 의한 가치는 혜택이라고 간주한다. Q1~Q3의 질문에 당신이 동의한 이유는 같은 가치지만 타인에 의한 혜택이라고 생각하기 때문이다. 여기서 중요한 것은 사람들이 심리적 회계장부를 적자로 마감하지 않으려는 경향이 강하다는 것이다. 상황2보다 상황1에서 입장권을 다시 사겠다고 한 사람의 비율이 낮은 이유는 다시 연극 입장권을 사는 것이 너무나 아깝다고 느끼기 때문이다.

돈과 행복

만약 당신에게 "돈과 행복 중 어떤 것을 선택하겠는가?"라고 묻는다면 무엇을 선택하겠는가? 대부분의 사람들은 돈도 중요하지만 그래도 행복을 선택하겠다고 대답한다. 그러나 현실에서는 과감하게 행복을 결정내리는 자신을 쉽게 발견할 수 없다.

상황A	강도 : 꼼짝 말고 손들어! 당신이 가진 돈 10억 다 내놔! 안 그러면 목숨이 위험할 테니! [침묵이 흐른 뒤 다시] 이봐, 돈 내놓을래, 아니면 죽을래? 당장 선택하라고!
	나 : 잠깐만요! 시간 좀 주세요. 지금 열심히 생각하고 있어요!

상황B	강도 : 꼼짝 말고 손들어! 당신이 복권에 당첨되어 수령한 10억 다 내놔! 안 그러면 목숨이 위험할 테니! [침묵이 흐른 뒤 다시] 이봐, 돈 내놓을래, 아니면 죽을래? 당장 선택하라고!
	나 : [당장 10억을 건네며] 행복하세요!

상황A, B가 모두 공감이 되는가? 모든 인간은 행복을 추구하지만 돈이 어떤 경로로 들어왔는가에 따라서 행복은 고려의 대상이 될 수도 아닐 수도 있다. 같은 10억인데 왜 상황A에서는 하나뿐인 목숨을 걸고 쉽게 판단을 내리지 못할까? 상황A에서 가진 10억은 혜택이 아닌 비용으로 인식하기 때문이다. 그 10억에는 돈을 벌기 위한 10년간의 시간과 노력, 자유를 포기한 기회비용, 번뇌를 참았던 고통의 비용이 포함되어 있다. 그래서 돈은 단순히 재정적 수치가 아닌 세상과 자신을 보는 일종의 렌즈이며, 우리의 희망과 두려움을 반영하는 프리즘이다.

데이비드 크루거는 "돈은 로르샤흐Rorschach 테스트의 이미지와 같다."고 한다. 불규칙한 잉크 반점에 불과하지만 우리가 거기에 다양한 의미를 부여하는 순간 우리의 해석은 개개인의 공상만큼이나 다양해진다.[19]

돈의 근본

진정한 인격이란 '내 돈이 아닌 다른 사람의 돈을 어떻게 사용하는가?'이다. 심리적 회계장부 오류를 범하는 이기적 인간에게 돈에 대한 근본적 질문을 던져 봄으로써 돈의 이중성에 대해서 살펴보자.

2018년 7월, 국회의원들의 특수활동비가 사실상 제 2의 월급인 것으로 드러나면서 대한민국 국민을 분노케 했다. 특수활동비란 국가기밀 유지가 요구되는 정보 및 사건 수사, 기타에 준하는 국정수행 활동이라는 목적을 담고 있는데, 현실은 개인 사생활 특활비로 소비되고 있었다. 참여연대가 2011년부터 2013년까지 3년 동안의 국회 특수활동비 지출 내역을 전수조사해 본 결과 국회가 3년 동안 증빙자료 없이 사용한 돈은 240억원이며, 특활비를 한 번이라도 지급받은 이는 298명에 달하는 것으로 조사됐다.

국민을 더욱 분노케 하는 것은, 특활비는 국가정보원에서 비롯된 예산으로 국정원의 특성상 비공개를 원칙으로 한다는 것이다. 마누라의 쌈짓돈, 자녀 학자금, 골프 라운딩비, 의원들 식비와 경조사비 등 일상적 생활비로 소비되면서 영수증 첨부 등 증빙을 하지 않는 돈이기 때문에 이에 대한 명확한 용처조차 확인할 수 없다.

특히 법제사법위원회는 다른 상임위와 달리 '법사위 활동비'를 매달 별도로 받았다. 예산결산특별위원회와 윤리특별위원회는 회의도 열리지 않는 시간에 특활비를 받아왔다. 또한 매년 국정감사 기간인 9~10월에는 상임위별로 최소 1,200~5,300만원의 특활비가 지급됐다. 한 번 해외 순방을 나갈 때 무려 7,000만원의 특활비를 받아간 전직 국회의장의 사례도 처음으로 알려졌다. 국회의장이 한 번 해외 순방에 사용한 그 7,000만원은 대학생 열 명의 1년 치 등록금, 취업준비생 125명의 한 달 생활비, 노인 350명에게 돌아갈 기초연금과 맞먹는 액수다.

더구나 이미 논란이 되었던 국정원 특활비에 더해서 호랑이 같은 비판의 목소리를 높였던 국회는 정작 국회 특활비의 투명한 집행을 위한 개정안에는 고양이만 한 목소리를 내고 있다. 내 돈이 아닌 남의 돈이며, 제도적 개선이 되면 그들에게는 손실이 가해지니 적극적으로 행동할 리 만무하다.

『돈이란 무엇인가』의 저자인 금융전문가 이즈미 마사토는 사람들이 내 돈이 아닌 남의 돈을 두고 행동이 달라진다면 잃는 것이 더 많을 것이라고 경고했다. 그들의 이기적인 행동이 단기적으로는 이득을 가져올지 모르지만, 그들이 사고하는 본질을 국민이 훤히 들여다보고 있다는 사실을 잊어서는 안된다. 그럼에도 불구하고 유아독존적 사고는 쉽게 바뀌지 않는다.

남의 돈에 대한 이기적 소비행태는 국회의원만의 전유물이 아니다. 본 주제를 시작하면서 던졌던 질문 Q1~Q3처럼 누구나 일상에서 의심없이 인간의 본성을 드러낸다. 하지만 이러한 인간의 이기적 본성이 전체 사회에 미치는 파장이 적지 않다는 것이다.

세계 조선업의 장기 불황으로 국내 조선사가 대거 몰락했다. 대우조선해양 역시 5년간 적자에 유동성 위기까지 겹치면서 한진해운처럼 역사속으로 사라질 뻔했다. 하지만 정부가 2015년부터 13조7,000억원이라는 공적자금을 투입하면서 파산을 겨우 면했다. 그럼에도 불구하고 이 회사 노조는 93.4퍼센트의 찬성률로 파업을 결의한 뒤 임금 투쟁을 벌였다. 대우조선해양은 2020년까지 5조9,000억원의 유동성을 마련하는 강도 높은 자구계획안을 이행해야 한다. 남의 돈(정부 공적자금)이 아닌 자신의 돈이라면 절대 일어나지 않을 행동이다. 지난 몇 년간 분식회계 등 계속된 비리 전적이 있음에도 불구하고 말이다.

돈은 인간의 모습을 비추는 거울이다. 특히 남의 돈을 사용하는 행태를 보면 그 사람의 인격이 보인다. 같은 돈이지만 상황A로 판단을 내리면 국회의원이 특활비를 쓰듯, 공적자금이 투입된 상황에서 임금 투쟁을 벌이는 일은 없을 것이다. 결국 모든 돈을 내 돈처럼 소비하면 이러한 문제는 일어나지 않는다.

"군주는 백성들의 재산을 빼앗는 일은 삼가야 한다. 왜냐하면 인간은 재산을 잃은 슬픔보다 부모의 죽음을 더 빨리 잊는 존재이기 때문이다." 마키아벨리가 쓴 『군주론』의 한 대목이다. 아니 '부모의 죽음보다 재산을 잃은 것에 더욱 슬퍼한다고?' 유교의 가족 윤리 중 최대의 덕목인 '효孝'를 거역하는 충격적인 말이 아닐 수 없다.

사람들은 어떤 대상이나 사물을 소유하거나 소유할 수 있다고 생각하는 순간 그 대상에 대한 애착이 생기게 된다. 일단 내 돈, 내 물건이 되면 사람들은 자신에게 없는 것을 얻는 기쁨보다 자신이 보유한 것을 잃는 고통을 더 크게 느낀다. 상황A처럼 목숨을 걸고 내 돈 10억을 지키려고 하는 것처럼.

남의 돈을 내 돈처럼 사용하기는 쉽지 않다. 하지만 남의 돈을 내 돈처럼 사용하면 인격이 올라간다. 일류 레스토랑이나 백화점에서 돈을 썼다고 해서 인격이 올라가지 않는다. 진정한 인격이란 남의 돈을 내 돈처럼 사용할 수 있는 일관성 있는 행동이다. 그런 행동이 꾸준히 쌓이면 신용도 올라간다.

더욱 엄밀히 말하자면, 돈은 한없는 융통성이 부여된다. 돈은 강력하면

● 제임스 앙소르, 〈가면에 둘러싸인 자화상〉, 1899, 日 메나드 미술관

서도 융통성이 있기 때문에 당신의 감정에 쉽게 반응한다. 당신이 시기, 야망, 불안, 신뢰, 질투, 경쟁심 등을 느끼면 곧바로 이를 반영한다. 당신의 감정에 따라서 돈의 의미는 조작된다. 가면에 둘러싸인 조작된 자신의 모습처럼 말이다.

보통 가면은 표정이 없기 때문에 종잡을 수 없이 으스스하고 섬뜩한데 앙소르가 그린 가면은 살아있는 인간보다 표정이 풍부해서 가면인지 진짜 얼굴인지 분간하기 어렵다. '가면을 쓴 사람은 가면의 특성을 띤다.'는 말이 있는 것처럼 당신은 이미 가면을 벗을 수 없게 된 자들, 가면에 지배받는 자들일지도 모른다.

인간은 감정을 조절할 때, 성과를 확인할 때, 애착이나 관계를 형성할 때, 죄책감을 덜거나 외로움을 달랠 때 돈이라는 가면을 사용한다. 가면이 좋은 점은 나를 인정하지 않은 사람들에게 상처를 입힐 수 있기 때문이다. 하지만 스스로는 안다. 돈이라는 가면이 자신의 인격이자 품격 그 자체를 올려줄 수 없다는 사실을.

4

메디치家 게이트

15~16세기 피렌체공화국에서 가장 유력하고 영향력이 높았던 대표적인 시민 가문이자 공화국의 실제적 통치자는 메디치 가문이었다. 한적한 산골마을의 농장주에서 출발한 이 가문은 금융업을 통해 세계 최고의 부자 가문이 되었고, 세 명의 교황(레오 10세, 클레멘스 7세, 레오 11세)을 배출했으며, 피렌체의 예술가를 후원하여 르네상스 시대를 열었다. 또한 프랑스와 영국 왕실과 혼인을 통해 왕가 가문이 되었고, 이러한 영향력으로 이탈리아 전역과 유럽에까지 세력이 확대되었다.

아시다시피 르네상스는 피렌체에서 탄생했고 그 피렌체는 메디치 가문의 의해 기획된 거대한 문화 공간이었다. 메디치가 없었다면 피렌체가 없었을 것이고, 또한 르네상스 또한 사뭇 다른 양태로 진행되었을 것이다. 그래서일까. 모두가 메디치 가문 칭찬일색이다. 언론과 방송에서는 메디치 가문을 줄지어 홍보하고 출간되는 책 또한 『메디치 효과』, 『메디치의 영광』,

『메디치가의 천재들』등 모두가 긍정을 설파하고 있다. 물론 메디치가의 긍정적 성과를 모두 부정하는 것은 아니다. 다만 역사의 단면만을 보고 전체로 해석하지 말자는 거다.

'아는 만큼 보이고 보는 만큼 느낀다'는 말이 있다. 나는 이 말에 뼈아픈 무시를 당한 적이 많다. 한번은 내가『화가의 통찰법』이라는 미술책을 썼는데 모든 출판사가 원고를 받아주지 않았다. '경영학자가 그림에 대해서 무엇을 알겠느냐'라는 논리로 나를 저주하듯 했다. 하지만 그 책은 보란 듯이 잘 팔렸고, 영문으로도 번역되었다.

우리가 어떤 그림이나 예술품을 보고 알고 느끼는 것은 어디까지일까? 미켈란젤로 피에타 상의 작품에 취해 앞부분만 보고 뒷부분을 외면해서는 안된다. 보여지는 앞면의 아름다움 외에 인간의 이기적 욕망에 의해 가려진 뒷부분 즉 원인과 동기도 봐야만 작품에 대한 진정한 해석이라고 할 수 있다. 따라서 나는 메디치 가문의 앞면, 즉 긍정적 업적보다는 메디치 가문의 뒷면인 그들의 이기적 욕망에 대해서 집중하고자 한다.

먼저 메디치 가문은 왜 예술가를 후원했을까? 오른쪽 그림은 메디치가문의 특별한 후원을 받은 산드로 보티첼리Sandro Botticelli의『팔라스와 켄타우로스』라는 작품이다.

이 작품의 목적은 교황청의 재가 없이도 피렌체의 평화를 위협하는 성직자를 처벌할 수 있는 로렌초 데 메디치의 권력을 과시하려는 의도가 숨

어있다. 보티첼리는 이제 갓 서른
살이 된 젊은 로렌초를 팔라스 아
테나 여신으로 묘사하여, 신성을
지닌 피렌체의 수호자로 치켜세웠
고, 천국으로 향하는 열쇠를 손에
쥔 사도 베드로의 후계자인 교황을
폭력적인 괴물 켄타우로스로 표현
했다.

그림에서 보듯 오른편에는 로렌
초를 상징하던 다이아몬드 문양이
수놓인 옷을 입고 지혜의 신이자
도시의 수호신 아테나 여신이, 왼편

● 산드로 보티첼리, 팔라스와 켄타우로스, 1482,
피렌체 우피치 미술관

에는 사람의 형상인 상반신과 말의 하반신을 가진 켄타우로스가 그려져
있다. 그리스 신화에서 켄타우로스는 매우 난폭한 성향을 지녔다고 전해
진다. 아테나 여신이 견고한 대리석으로 지어진 성을 침범하려는 켄타우
로스의 머리를 잡고 있는 형상을 표현함으로써, 피렌체를 침공하려는 교황
에게 경고를 보내고 있다. 또한 로렌초가 피렌체 서쪽에 위치한 '바다_{Vada}'
라는 항구에서 홀로 배를 타고 나폴리로 향했다는 역사적 사실을 강조하
기 위해 작품의 배경에 배 한 척까지 그려넣는 세심함도 보였다.[20]

이 그림은 더 나아가 메디치가의 정치적 상징성을 보여준다. 로렌초 데

메디치가 1479년 나폴리와의 전쟁에서 피렌체를 승리와 평화로 이끈 자기 자신을 우상화하려는 의도로 주문했던 것이다. 멀리 바다 한가운데 한 척의 배는 외교적으로 피렌체를 구하기 위해 홀로 배를 타고 나폴리로 간 로렌초의 영웅적 행위를 의미한다. 아테나의 옷에 새겨진 다이아몬드 반지를 연결한 문양은 로렌초가 특별히 선호했던 가문의 문장이다. 게다가 머리와 몸에 두른 월계수는 그가 이룩한 승리가 얼마나 정의로웠는지를 보여준다. 우의적 역사화를 설계할 줄 알았던 로렌초의 순발력이 돋보이는 순간이다.

전쟁터만큼 온갖 권력이 몰려있는 곳인 만큼 신흥 가문이던 메디치가는 권력을 유지하기 위해 행한 모든 술수를 가리고 예술에 후원하여 돈을 건강하게 쓰는 모습을 보여준다. 일종의 자선 사업인 셈이다.

코지모의 아들 피에르 또한 메디치가의 이미지 조성을 더욱 적극적으로 펼쳤다. 그 대표적인 것이 메디치 궁의 『동방박사들의 행렬』이다. 이 벽화는 1439년의 메디치가의 주도권 확보에 큰 기여를 한 피렌체 종교회의에 비잔틴 황제, 희랍정교의 총주교, 서로마교황, 이탈리아 도시국가의 네 대표인 스포르자, 말라테스터, 곤자가 그리고 메디치가가 참석했다. 이것을 기념한 벽화다. 이 그림의 등장인물은 당시 실존 인물들로 대치되었으며 세 동방 박사 중 한 명은 메디치가의 어린 로렌초의 초상이며, 피에로 디 메디치, 코지모 디 메디치도 등장한다.

현대판 국정농단이 당시는 적나라하게 시행되었다. 로렌초의 아들 조반니(레오 10세)는 교황으로 선출된 후 바티칸 궁의 벽화에서 자신의 정치 선전을 더욱 노골적으로 드러낸다. 『보르고의 화재』, 『오스티아의 전투』, 『샤를르마뉴 대관식』 등 레오 3세, 레오 4세의 업적을 기리는 사건에 자신의 초상을 넣었다.

메디치 가문은 1494년 피렌체에서 추방된 후 1551년부터 다시 세력을 잡았다. 공작 코지모 1세가 1570년 토스카나 공국의 대공작이 되면서 메디치가는 다시금 힘을 얻게 된다. 타피스트리, 조각상, 판화, 벽화, 초상화 등을 통해 자신의 권위를 공공연하게 선전하였고 팔라초 베키오의 벽화를 통해 노골적으로 드러냈다. 온 벽면과 천장에 42장의 작은 벽화, 6장면의 거대한 벽화에 메디치 가문의 번영 역사를 그렸고 천장의 『공작 코지모 1세의 신격화』에서 클라이맥스를 이룬다. 15세기에 가문의 선전으로 이루어지던 예술의 후원이 16세기엔 이미지 메이킹의 노골적 수단으로 활용되었다.

로렌초의 차남이자 교황인 레오 10세 역시 정치적으로 예술을 이용했다. 바티칸과 산 로렌조 성당 등에 메디치가 사람들을 이상적 인간형으로 표현하게 그려 넣었고, 『샤를마뉴의 대관식』이란 그림에는 원래 있던 교황 레오 3세의 얼굴을 지우고 자기 얼굴을 그려 넣어 전설 속의 대업과 권위를 이어받은 것처럼 착각하게 만들었다.

그렇다면 메디치가는 왜 이렇게 화가를 등용하여 많은 작품 활동을 하게 했을까? 당시는 문맹률이 높아 글보다 미술이 더욱 효과적인 전달의 매개체였다. 뿐만 아니라 르네상스 시대의 그림은 아무나 그릴 수 있는 건 아니었다. 형형색색의 물감원료는 모두 천연재료로 지금으로는 상상하기 어려운 천문학적 비용이 들었다. 당시의 절대 권력을 지닌 교황의 지지를 얻어 교회라는 새로운 경제엔진을 얻고자 하는 것이 메디치가의 지속성장을 위한 중요한 매개였다. 이때, 유용하게 사용된 것이 교회 건축과 그림을 통한 장식이었다. 특히 예술가들을 통한 그림장식은 당시 글을 읽을 줄 모르는 시민들, 또는 평민들에게 교리를 설파하거나 건물을 지은 상인들의 의도를 전달하거나 신앙을 과장하는 역할을 했다. 결국 보티첼리, 미켈란젤로, 도나텔로 등 당시 위대한 화가를 앞세워 그들이 그려낸 화려하고 장대한 미술작품을 통해 메디치 가문의 미화된 이미지를 효과적으로 전달했다. 그래서 21세기인 지금도 미술과 예술을 통해 그들의 이름이 회자되며, 영원한 삶을 살고 있는 이유가 바로 여기에 있다.

아직도 현실의 삶에서 숨 쉬는 메디치 가문의 인성은 어땠을까? 위대한 로렌초 데 메디치가 젊은 미켈란젤로의 재능을 먼저 알아보고 자신의 집에 기거하게 하면서 귀족 및 저명인사들과 함께 식탁에 앉도록 허락하는 등 극진한 대우를 했다고 한다. 과연 선의의 후원이었을까?

1470년부터 1472년 사이에 스승 베로키오와 레오나르도 다빈치가 함께 그린 『그리스도의 세례』는 일찍이 그림에 천재성을 보인 다빈치의 대표적 작품이다. 그림의 왼쪽 하단의 천사 부분은 다빈치가 그렸는데 스승인 베로키오가 제자의 솜씨에 충격을 받고 이후 작품 활동을 중단했다고 한다.

그로부터 4년 후, 1476년 다빈치는 고소사건으로 궁지에 몰리게 된다. 당시 피렌체에서는 시민들이 다른 사람의 눈치를 보지 않고 사법부에 수사를 의뢰할 수 있는 부기 델라 베리타Buchi della Veruta, '진실의 입'이란 제도가 있었다. 이 제도로 인해 다빈치를 포함한 금세공사인 야코프 살타렐리와 바르톨로메드 디 파스퀴노, 그리고 메디치 가문의 사돈인 리오나르도 데 토르나부오니Lionardo de Tornabuoni가 동성애 혐의로 고발당했다.

하지만 운 좋게도 다빈치는 처벌받지 않았다. 로렌초 데 메디치의 어머니가 바로 토로나부오니 가문 사람이었기 때문이다. 피렌체의 정치권력을 한 손에 쥐고 있는 로렌초가 자신의 어머니 가문에 먹칠을 하는 사건을 확대하지 않을 것이다. 이런 수치스런 사건에 연루되었기 때문에 메디치 가문은 다빈치를 등용하거나 작품 의뢰 또한 하지 않았다. 당시 같은 공방 출신인 보티첼리가 메디치 가문의 파격적인 후원을 받는 것을 지켜보며 다빈치는 홀대받는 자신의 처지를 아래와 같이 드러냈다.

"날 업신여기지 마오, 난 가난하지 않으니깐, 욕망이 많은 자는 가난하나니, 난 어디로 가야하나, 너는 곧 그것을 알게 될 텐데……".[21]

다빈치와 연루된 또 다른 사건이 있다. 1481년 교황 식스투스 4세는 피렌체의 지도자인 로렌초 데 메디치와 화친을 맺겠다는 상징으로 시스티나 성당의 장식을 로렌초에게 의뢰했다. 로렌초는 이 중요한 화친을 예술작품으로 기념하기 위해 피렌체를 대표하는 예술가를 선발하여 로마로 파견했다. 로렌초가 파견한 예술가는 보티첼리, 시뇨렐리, 기를란다요, 페루지노였다. 하지만 그 어디에도 다빈치의 이름은 보이지 않았다.

인류 역사상 최강의 금융 권력이었던 메디치가는 어떻게 돈을 축척했을까? 당시 고대 그리스 로마의 관심은 토착귀족과 더불어 교황의 신권에 도전하는 신흥상인과 시민계층의 사상적 기반이 된다. 고리대금업으로 이탈리아 경제의 신세력으로 부상하던 신흥상인들은 교회가 부정하는 고리대금업에 대한 종교적 면죄부, 현실적 타협안으로서 교회를 지었고, 다시 신에게 가까이 가기 위한 '기도'에 대한 권리를 쥐게 된다. '교황 - 신흥상인 - 예술가 - 인문 학자'가 얽힌 커넥션이 형성된 것이다.

부르주아 상인 계층 출신인 메디치 가문이 지배계층으로 올라서는 과정은 한편으로는 국가 권력의 지원을 받으면서 다른 한편으로는 국가 권력을 차츰차츰 잠식하고 장악해갔다. 국가 권력은 모든 사회적 룰, 즉 제도와 법을 통제함으로써 사회 전체를 통제하는 지름길이기 때문이다. 메디치가는 은행을 통해서 화폐 부자가 되었고, 국왕과의 결탁을 통해 자신들의 상업활동에 방해가 되는 장벽들을 하나하나 제거해나갔다.

현란한 기술로 메디치가가 부를 축척한 사례는 많지만 대표적으로 두가지만 살펴보자. 흑사병이 창궐한 1380년대 후반, 조반니 데 메디치는 가문의 주력 사업이었던 고리대금업에서 점차 손을 떼고 부동산을 구입했

98

다. 흑사병이 퍼지게 되면 가장 안전한 자산이 부동산으로 수요가 몰릴 것으로 예상했기 때문이다. 흑사병이 피렌체에 다시 창궐하자, 피렌체 상인과 은행가들은 조반니의 예측대로 부동산을 사들이기 시작했다. 판단력이 빠른 조반니는 일찍이 구입해놓은 부동산을 다시 팔아서 차익을 남길 수 있었다. 기록에 의하면 메디치 가문의 이름으로 등록된 부동산 거래가 무려 180건이 넘었다.[22] 한마디로 부동산 투기로 돈을 번 셈이다.

비슷한 일을 하나 더 보자. 한 국가가 전쟁자금을 조달하는 능력은 결국 시민이 납세의 의무를 얼마나 협조하느냐에 따라 달려있다. 1453년 투르크가 콘스탄티노플을 공격하여 함락했을 때, 도시를 점령한 병사들이 집안에 숨겨놓은 재물을 뒤졌더니 집집마다 엄청나게 쏟아져 나왔다. 이 상황을 본 코지모 데 메디치는 자유를 강조한다. "자유보다 더 값진 것은 없다. 자유를 위해서는 그 무엇을 내주어도 아깝지 않다."[23] 과연 그 말이 진실이었을까? 그 후 코지모는 은행에 재산세가 부과되었을 때 세금을 덜 내기 위해서 지점장들에게 회계장부를 꾸미라고 지시했다. 이것은 오늘날 상법에서 특별히 금지하고 있는 분식회계다.

마지막으로 인류의 가장 큰 아픔과 고통을 줬던 사건이 바로 메디치 가문에서 파생되었다. 지오반니는 교황 레오 10세가 되면서 최악의 교황으로 기록되었다. 그는 화려한 궁정에서 사치스러운 생활에 집중했으며 정치와 외교 등 교황 업무는 사촌이자 추기경인 줄리오(후일 교황 클리멘스 7세가 됨)

가 도맡았다. 그는 교황으로서 역할은 추기경에게 맡겨두고 문학과 예술을 탐닉하고 사냥과 오락을 즐기는 일에만 집중했다. 특히 연극과 음악을 열렬히 좋아했다. 후대의 학자들은 이런 레오 10세를 두고 무신론자였다고 주장하기도 한다. 점차 그의 실정으로 교황청 재정이 바닥나자 빈번히 사제직司祭職을 매매하여 비난을 샀고, 1517년 성 베드로 대성당 건립자금을 모으려고 죽은 영혼에 대한 면죄권을 교황이 관장한다는 교서를 발행했다. 이로써 파렴치한 방법으로 면벌부를 대대적으로 팔았다. 이는 마르틴 루터의 비난의 초점이 되었고, 교황은 1521년 루터를 파문함으로써, 종교개혁의 발단이 되어 수많은 목숨을 앗아가게 만들었다.

예나 지금이나 돈은 위계질서를 존중하지 않는다. 돈만 있으면 권력이 생기고 그 힘으로 모든 것을 바꿔버릴 수 있다. 신분질서가 중요한 중세 사회에서는 돈은 위계질서를 바꾸고 차별화된 가치를 추구하면서 타인의 동경 대상이 되었다. 14세기에 쓰인 다음의 시를 읽어보자.

돈이 사람을 잘나게 만들고
돈이 사람을 유식하게 만들고
돈이 사람의 모든 죄악을 숨겨주고
돈이 남들의 부러움을 사게 하고
돈이 탐스런 여자를 대령하고
돈이 영혼을 천국으로 보내주고

돈이 보잘것없는 사람을 고상하게 만들고

돈이 원수를 땅에 쓰러뜨리지

그러니 돈이 없으면 패가망신이요

세상만사는 돈으로 돌아가지

돈만 있으면 천국도 갈 수 있으니

현명한 자들이여, 돈을 비축하라

미덕 이상의 돈은 슬픔도 물리치리라

돈과 권력이 있는 사람은 신분도 세탁하고 종교마저 그들을 축복해준다. 14~16세기의 대금업자인 메디치가는 현세와 영세, 돈과 양심사이에서 갈등하면서 돈 냄새가 좀 덜 나는 철학과 미학, 그리고 사랑, 믿음 같은 고상한 주제들을 후원하는 일에 적극 나섰다. 그리고 오늘을 사는 우리는 그 것을 미덕, 이상이라고 동경하고 있다. 그리고 연일 피렌체의 낭만과 예술에 취해 SNS에 자랑하고 있다. 메디치 가문의 후인처럼.

무자식이 상팔자?

세계 인구는 대기근과 1350년 흑사병을 겪은 뒤로 완만한 성장세를 유지했다. 당시 세계 인구는 3억 7,000만명 정도였다. 그러다가 1950년부터 1.8퍼센트의 높은 성장률을 보였고, 1962년에는 2.2퍼센트까지 오르기도 했다. 이후 1987년 세계 인구가 50억 명을 넘기면서 인류가 장차 직면하게 될 심각한 사태에 대비하여 세계규모의 인구전략을 모색하는 『세계 인구의 날』을 국제연합이 지정하기도 했다. 그러한 노력에도 불구하고 팜 2050 리포트에 따르면 2050년 전 세계 인구수는 약 100억 명으로 늘어날 것으로 전망했다. 100억 명 이상의 식량 문제를 해결하기 위해서는 70퍼센트의 식량 생산량 증대가 필요하고 이는 결국 전 세계 '식량 전쟁'을 야기하게 될 것이다.

과거 동·서양을 불문하고 인구가 늘어나야 한다는 출산촉진론자들은 '백성이 모여야 제후가 기반한 땅이 군건해지고 그곳에서 소출이 많이 나와 나라가 강해진다'는 논리였다. 인구는 부국강병의 첫 번째 조건이었던 거다. 구약 창세기에도 "내가 네게 큰 복을 주고 네 씨가 크게 번성하여 하늘의 별과 같고 바닷가의 모래와 같게 하리니"라는 구절이 나온다. 자손번창이 만사대길萬事大吉이며 부귀공명富貴功名이라 여겼다. 중상주의 학파들도 인구가 많아야 상업을 진작해 국가의 부富를 증대하는 데 유리하다고 주장했다.

이와는 반대로 산아제한론자들은 인구를 조절의 대상으로 본다. 공자는 "인구를 자원 간 균형을 맞춰야 한다."고 강조했고, 플라톤은 "인구는 양보다 질이 더 중요하다."고 주장했다. 중농주의 학파들은 "부富라는 것은 사람이 아니라 땅에서 나오는 것이므로 인구의 크기는 땅에 맞춰 조절되어야 한다."고 강조했다.

늘어나는 전 세계 인구수 관점에서 보면 현재는 산아제한론자들의 주장이 힘을 얻고 있다. 산업혁명 이후 산업이 고도화, 정보화됨에도 불구하고 사람들은 점점 더 가난해졌다. 부가 집중되어 있는 도시로 사람들이 몰려드는데, 도시가 제공할 수 있는 자원과 제도는 한계가 있으니 개인은 궁핍해질 수밖에 없다. 물론 궁핍의 기준은 절대적 부가 아닌 상대적 부다. 자원은 산술급수적으로 증가하는데 인구는 기하급수적으로 늘어나는 인구과잉이 나타나고 그 결과 빈곤의 악순환이 이어진다.

그렇다면 기하급수적으로 늘어나는 인구과잉의 현상을 막기 위해서는 어떻게 해야 될까? 영국 고전학파 경제학자이자 『인구론』의 저자인 토마스

로버트 맬서스Thomas Robert Malthus는 다음의 두 가지 아이디어를 제안했다.

첫 번째가 인구를 의도적으로 줄이는 양성제어다. 21세기 중반, 지구는 이상기후와 과잉인구로 인해 자원이 감소하고 전쟁이나 이민 문제가 반복되면서 주요 국가는 모두 멸망하고 유럽 연합 국가가 새로운 강대국으로 군림하고 있었다. 게다가 출생의 증가로 1가구 1자녀 산아제한법으로 인구증가를 강제로 통제하는 사회였다. 그것은 둘 이상의 아이를 출산시켰을 경우에 아동 분배국에 의해서 부모와 떨어져서 고갈된 지구의 자원이 회복하는 날까지 냉동 보존되는 것이다. 공표된 것이 냉동 보존이지 실상은 인간을 태워 없애는 방식이었다. 그렇다고 놀랄 것 까지는 없다. 이 이야기는 2017년 개봉한 영화 『월요일이 사라졌다What Happened to Monday』의 가상의 내용이다.

인구의 양성제어는 오늘날 실행하기도 어렵지만 윤리적으로도 말이 안된다. 하지만 역사 속에서는 비윤리적 행위가 어렵지 않게 자행되어왔다. 나치당은 당수 히틀러Adolf Hitler의 과격한 반反유대주의를 고취하여 1933년 정권 획득 후 유대인 박해정책을 추진하였으며, 1939년 제2차 세계대전을 시작하자 점령한 유럽 각지에서 유대인을 살해하고 게토나 강제수용소에 격리하여 열악한 환경에서 죽음에 이르게 하였다. 1941년 이후 수용소에서의 가스 살해나 이동 말살대에 의한 총살 등으로 유대인 멸절작전을 전개해서 사망한 사람은 600만 명이 넘는다.

맬서스의 인구과잉 현상을 막기 위한 두 번째 방법은 태어날 아이를 줄

이는 예방성 제어다. 아이를 한 두명 정도 낳으면 부부가 각방을 쓰며 금욕적인 생활을 하거나 또는 결혼연기 등을 통해 도덕적 억제에 의한 인구증가를 제한해야 된다는 주장이다. 다른 가정에서도 금욕을 실천하면 그런 분위기가 형성되어 사람들이 아이를 덜 낳지 않겠냐는 것이다. 참고로 맬서스는 목사였다. 결혼을 했는지 여부는 아무리 찾아봐도 찾을 수 없다. 물론 맬서스는 예방적 억제를 권장했고, 효과적인 피임법이 없었던 당시였으므로 대신 결혼을 늦추거나 출산을 자제하도록 빈민을 계몽해야 한다고 보았다.

맬서스의 주장 이후 세계 인구는 꾸준히 증가일로를 걸었다. 맬서스의 출생 직전인 1750년에 8억 명 수준이던 세계 인구는 그의 사망 직후인 1850년에 12억 명으로 늘었고, 1950년에는 25억, 1975년에는 40억, 1987년에 50억, 2018년에는 76억을 돌파했다. 맬서스가 예언한 파국은 아직 찾아오지는 않았지만, 불과 250년 만에 전 세계 인구가 무려 8배 가까이 급증한 것은 사실이다. 전 세계적인 식량 대란은 없었지만 환경과 자원 문제를 비롯해서 다른 방면에서는 인구 증가의 폐해가 이미 나타나고 있는 실정이다.

전 세계 인구의 증가 추세에도 불구하고 대한민국의 인구변화는 반대로 가고 있다. 그 중 특별히 눈여겨봐야 할 대표적인 현상이 '저출산'이다. 우리 사회는 언제부터 저출산 문제를 고민하기 시작했을까? 1960년 합계출산율 6명에서 1990년 1.5명, 2013년 1.22명이라는 수치를 보이며 대한민국 출산율에는 엄청난 가시적 변화가 있었다. 1946년~1965년 사이에 출생한 베이비부머 세대들에게 실시한 산아제한론을 강조하는 표어, "많이 낳아 고생 말고, 적게 낳아 잘 키우자"를 되돌아보면 격세지감이 느껴진다. 당시에는 "3·3·35 운동"도 벌였다. 3명의 자녀를 3년 터울로 낳고, 35세까지 단산하자는 뜻이다. 정부는 아이 적게 낳기 운동에 전력을 쏟았다. 당시 보건소나 가족계획 지도원에서는 무료로 불임시술을 해주기까지 했다. 현재 대한민국의 인권에 비춰본다면 도저히 일어날 수 없는 일이 전 국민 운동으로 전개되었다.

1.5명 내외에서 머물던 대한민국의 출산율은 극적으로 떨어져 2005년 1.08명, 급기야 2018년에는 부부 한 쌍이 아이 한 명도 낳지 않는 0.96~0.97명의 최저수준으로 떨어졌다. 출산합계율이 1.3명 이하로 떨어지면 초저출산 수준이라 말한다. 우리나라는 초저출산 시대에 대한 위기의식이 급속하게 고조되면서 출산정책은 "아빠, 혼자는 싫어요. 엄마, 저도 동생을 갖고 싶어요", "자녀에게 물려줄 최고의 유산은 형제입니다" 등 "많이 낳아 잘 기르자"는 메시지로 전환됐다.

상황이 이러하니 정부에서 10여년간 100조원 넘게 예산을 쏟아부어가며 초저출산 대책을 세우고 있지만 출산율이 오르기는커녕 사상 최저 수준으로 치닫고 있다.

이러한 상황에 대응하기 위해 맬서스는 다음의 재미있는 주장을 했다.

"노동자 계층이나 하위 계층 사람들 대다수는 물질적인 생활 조건을 개선하기 위해 출산율을 높인다."는 것이다. 우리나라는 새마을 운동이 한창이던 1970년 전후 당시의 부모들은 경제적으로 어려운 여건 속에서도 불구하고 자식농사만큼은 잘 짓겠다고 하고 여러 명의 자녀를 출산했다. 그 중 한 아이만이라도 성공하면 가문 전체가 대박난다. 그 결과 1980년대 한국의 경제성장의 축으로 한 역할을 했지만 국민소득 3만 불 시대에서 보면 참으로 무식한 방법이 아닐 수 없다.

그렇다면 출산율이 낮아지게 된 요인을 무엇일까? 일반적으로 출산율 변천의 원인은 크게 사회·구조적 원인과 출산의 직접적이고 근접한proximate 원인으로 나뉘어진다. 사회·구조적 원인은 사회가 전반적으로 발전되고 교육수준이 높아지고 사망율이 변화하는 등 비단 출산 그 자체가 아니라 사회의 큰 변화의 결과로서 출산율도 변화하는 것을 의미하고, 근접 원인은 실제 출산이 이루어지기까지의 'intercourse', 'conception' 그리고 'gestation' 과정에 영향을 미치는 요소들을 의미한다.

예컨데 우리나라의 현재 초저출산의 원인을 생각할 때 신자유주의 확산으로 인한 청년고용 문제, 높은 부동산 가격, 높은 교육비용 등이 원인으로 지적되는 경우가 많은데, 이들은 모두 사회이고 구조인 초저출산 현상의 원인이다.

한편, 출산 자체가 가능하려면 일단 남녀가 결혼 혹은 다른 형식으로 성적결합sexual union을 이루어야 하고, 피임을 하지 않고 실제 수정이 이루어

저야 하며, 여성의 자궁에서 아이가 건강하게 자라나야 출산이 이루어진다. 바로 이들이 출산의 근접 원인들이다.

우리나라의 경우 1960년에서 1990년 중반까지 합계출산율이 크게 감소하는데, 국가가 대대적으로 실시하던 가족계획사업이 큰 몫을 했다. 이 가족계획사업은 구조이기도 하지만 사실 근접 원인에 더욱 가깝다. 왜냐하면 국가가 정책적으로 피임 도구를 나누어주고 강력한 산아제한 캠페인을 통해 실제로 부부들의 피임을 유도했고, 심지어는 인공 임신중절까지도 사회적으로 묵인했기 때문이다.

이러한 범국민적 운동은 여성을 오직 자궁이라는 생식 기관을 가진 도구로만 본다는 설정으로 인격체가 아닌 철저히 '기능'으로 분류된다. 이런 내용을 담고 있는 마거릿 애트우드Margaret Atwood의 장편소설『시녀 이야기』는 오늘날에 성性과 가부장적 권력의 어두운 이면을 파헤친 저자의 예리한 통찰력으로 인해 시대를 뛰어넘는 고전으로 평가받고 있다.

잠시 짚고 가보자. 때는 21세기 중반, 전 세계적인 전쟁과 환경오염으로 출생률이 급격히 감소하면서 미국은 극심한 혼란 상태에 빠진다. 이때를 틈타 가부장제와 성경을 근본으로 한 전체주의 국가 '길리아드'가 일어나 국민들을 폭력적으로 억압하는데, 특히 여성들을 여러 계급으로 분류하여 교묘하게 통제하고 착취하기 시작한다. 평화롭게 살던 주인공은 어느 날 갑자기 이름과 가족을 빼앗긴 채 사령관의 '시녀'가 되어, 삼엄한 감시 속에 그의 아이를 수태하도록 강요받는다.

'내가 여기 있다는 사실 자체가 위법이다. 우리는 사령관과 단 둘이 만나는 일이 금지되어 있다. 우리는 종족을 번식시키기 위해 존재한다. 우리는 첩이나, 게이샤나 창녀가 아니다. 그와는 반대로 우리는 그 범주에서 배제시키기 위해 가능한 모든 조치를 취했다. 우리들에게 쾌락의 요소를 철저히 제거했고, 은밀한 욕망이 꽃필 여지도 전혀 없다. 특별한 총애 따위는 그쪽이나 우리 쪽에서 미리 알아서 정리할 테니 사랑이 싹틀 발판조차 있을 수 없다. 우리는 다리 둘 달린 자궁에 불과하다. 성스러운 그릇이자 걸어 다니는 성배成杯다.'[24]

섬뜩한 현실 속에 그 누구도 남자들의 권리를 침범하려는 사람이 없다. 왜냐면 아담이 최초로 창조되었고, 그 다음에 이브가 창조되었기 때문이다. 그리고 아담은 속지 않았지만 여자가 속아 죄악을 저질렀기 때문이다. 그렇지만 맑은 정신으로 믿음과 자비와 신성함의 길을 지켜 나가기만 하면, 여성은 출산으로서 구원을 받을 것이다. 이 책을 읽는 당신도 그렇게 생각하는가?

2018년 모 원내대표가 국회 교섭단체 대표연설에서 언급한 출산주도성장은 현대판 '시녀이야기'와 다름없다. 저출산율의 해결방법으로 아이를 낳으면 출산장려금 2,000만원, 성년까지 1억원의 수당을 주겠다는 것이 핵심이다. 소위 애 낳으면 돈 주겠다는 발상이다. 여성 출산 능력은 여성 개인

의 행복이나 의지가 아니라, 국가의 이익이나 생존을 위해는 여성의 희생
은 필연적이라는 것이다. 일찌감치 애트우드는 '애 낳아서 애국하자'는 주
장이 횡행하는 디스토피아 사회를 상상하고 경고했다.

한마디로 인공중절과 같은 출산의 근접원인으로 저출산을 극복해서는
안된다. '아이를 낳는 행위를 정책으로 바꿀 수 있다'는 전제부터 짚어봐야
한다는 얘기다. 1960~90년대 인구증가 억제정책이 좋은 예시가 될 것 같
다. 우리나라 출산율은 1970년 4.5명에서 1995년 1.6명으로 떨어졌다. 이
를 두고 정부가 강력한 산아제한 정책을 편 덕분이라는 평가가 많다. 과연
그럴까?

미국 노스캐롤라이나 대학의 용 차이 교수는 2010년 논문에서 중국의
한 자녀 정책의 효과를 분석했다. 중국 장쑤성과 저장성은 산업화나 교육
수준 등 여러 면에서 비슷했지만 한 자녀 정책을 실시하는 방식은 달랐다.
장쑤성은 거의 예외 없이 엄격하게 한 자녀만 낳게 했다. 반면 저장성은 농
민인 부부가 딸을 낳을 경우 둘째를 가질 수 있도록 허용했다. 이론상으
로 장쑤성은 2000년 최대 출산율이 1.06명이 돼야 마땅했고 저장성은 최
대 1.47명이어야 했다. 하지만 2000년 인구센서스에서 장쑤성의 출산율은
0.97명을, 저장성은 1.04명을 기록했다. 별 차이가 없었다. 차이 교수는 그
이유를 "사회경제적 발전이 한 자녀 정책보다 출산율에 더 큰 영향을 미쳤
기 때문"이라고 설명했다. 두 지역에서 비슷한 양상으로 진행된 1인당 국내

총생산 증가와 여성의 교육 수준 향상, 세계화 등이 출산율 하락에 더 결정적 역할을 했다는 것이다. 중국에서 한 자녀 정책을 포기한 이후에도 출산율 하락이 계속되는 것도 사회 흐름을 거스르지 못하는 인구 정책의 한계를 보여준다.

1960~90년대 대한민국에서 산아제한정책이 성공할 수 있었던 진짜 이유는 '아이를 덜 낳는 방향으로' 사회가 변화하고 있었기 때문이다. 강력한 인구증가 억제정책이 없었더라도 출산율은 저절로 낮아졌다는 얘기다. 마찬가지로 지난 10여년간 출산장려 정책이 성공하지 못한 이유도 밑바닥 사회 구조에 있다. 물질적 풍요 증대와 개인주의의 확산이 결혼과 가족에 관한 가치관을 급속도로 바꾸고 있다. 출산율 감소는 이런 거시적 변화와 맞물려 나타난 것이다.[25] 출산이나 보육, 주거에 대한 직접적, 근접원인으로는 변화의 흐름을 전환하기 어렵다.

더욱이 대한민국은 여성에게 더 많은 의무를 지우는 전통적 가족 문화가 출산율 증가를 막는 요인으로 작용하고 있다. 출산을 통제하려면 성관계시, 수정 또는 임신기간 중 조취를 취해야 하는데, 사실상 남자의 역할은 크게 중요하지 않았다. 오로지 출산에 대한 인식은 여자의 역할이고 비난 역시 여자가 모두 받아야 했다. 지금은 그런 인식이 많이 사라졌지만 과거에는 아이를 못 낳는 여자는 여자 존재로서의 자격까지 박탈당할 정도였다. 이런 가치관이 조금씩 사라지니 이제는 여성의 사회 참여가 출산율을 떨어진다는 사회적 통념이 지배하고 있다. 사실 남자가 능력이 좋고 두

툼한 월급봉투를 가져준다면 여성이 굳이 힘든 사회생활을 할 필요가 있을까.

출산율이 어떻게 결정되는지 보는 지표 중 하나로 HDI, '인간개발지수 Human Development Index'라는 것이 있다. 유엔개발계획이 매년 1인당의 국내총생산GDP이나 평균수명, 문맹퇴치율, 취학률, 여성의 사회적 참여 등을 토대로 산출하는 지수로 각국의 삶의 질과 발전 정도를 나타내는 지표로 사용되고 있다.

인간개발지수 그래프를 보면 HDI가 높을수록 출산율이 떨어진다. 잘

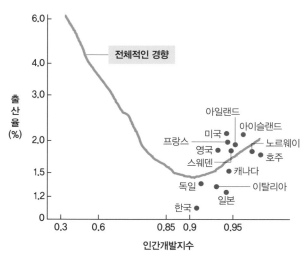

세계 각국 인간개발지수 · 출산율 (2005년 기준)

자료 : 미 펜실베이니아대 인구연구센터

112

살수록 출산율이 낮아진다는 우리의 사회적 통념과 부합하는 흐름이다. 그 대표적인 나라가 한국과 독일이다. 독일은 공개적으로 인구감소가 언급되기 시작한 것은 1911년부터다. 당시 민족 사멸에 대한 우려가 스며들던 시기였고 1932년엔 인구통계학자인 프리드리히 부르크되르퍼는 『청소년 없는 민족』을 펴내기도 했다. 이후 나치 치하에서 인구학은 우생학과 부적절하게 결합했다. 나치는 우월한 혈통, 아리아인에 국한해 대대적인 출산 장려책을 펼쳤다. 낙태를 한 여성은 실형에 처했고 수천명의 매춘부를 체포했다. 이어 '결혼 자금대여' 정책을 시행했는데, 여성이 직장에 다니고 있다가 결혼 때문에 그만두는 경우 자금을 빌려주는 제도였다. 대출원금은 자녀를 4명 낳으면 사라진다. 다섯 번째 아이부터는 매달 자녀양육비를 줬고 나중엔 세 번째 아이로까지 확대했다. 여섯 번째 아이를 낳는 여성은 저명인사를 아이의 대부로 선택할 수 있었다. 그러나 효과는 크지 않았다. 대출을 받은 부부들은 대개 아이 한 명을 낳고 현금으로 갚았다. 가치 있는 집단으로 여긴 당 간부의 기혼자조차 평균 자녀수가 1.1명이었다. '시녀 이야기'식 인구정책은 한계가 있음을 독일의 사례에서도 알 수 있다.

그런데 인간개발지수 그래프를 눈여겨보아야 할 지점이 있다. HDI가 0.95에 달하면 출산율이 높아진다. 미국, 프랑스, 영국, 아이슬란드, 캐나다, 스웨덴 등이 이 지점에 해당된다. 과거에는 삶의 질이 HDI 0.9 이상 높은 나라가 없었기 때문에 잘살면 아이도 덜 낳는다는 통념이 진실로 받아들여졌지만 이제는 인간적으로 행복한 삶을 영위하면 아이도 더 많이 낳게 된다는 새로운 진실이 드러나게 되었다. 실제로 OECD 주요국의 경우 여성 고용률이 높은 나라가 출산율도 높다. 저출산 대응에 성공한 스웨덴의 경우 여성 경제활동참가율 2009년 70.2퍼센트와 출산율 2010년 1.94명 모두 높은 수준으로 유지되고 있다.

결국 여성에게 더 많은 더 많은 사회적 참여와 기회, 권리를 주어야 출산율이 올라간다. 아이 낳았다고 2,000만원의 현금을 쥐어주는 근시안적 사고로 출산율을 확대할 수 없다. 일하고자 하는 여성과 일하는 여성이 믿고 맡길 수 있는 공공보육시설의 확대, 여성들의 학습기회와 사회참여 확대, 출산 이후의 휴가 및 휴직 제도의 활성화, 탄력적인 근로형태의 정착 등이 확산돼야 한다. 무엇보다 '여자들이 배우면 드세지고 남자를 우습게 안다'는 나치 치하의 우생학적 사고로는 근본 문제를 해결할 수 없다.

잉여인간

2004년 개봉한 영화『말죽거리 잔혹사』에서는 공부를 멀리하던 주인공 현수가 팝송 녹음 테잎과 기타 악보를 아버지에게 들키면서 야단을 맞게 되는데 이 때 훈계를 위한 한 어구가 등장한다.

(현수가 방에 들어오자 아버지가 성적표를 내던진다)

아버지: 이 나쁜 놈의 새끼... 네가 사람이냐? 너 이거 뭐야? 너 이거 성적이라고 받아온 거야? 이 놈의 새끼야! 이 따위 성적으로 대학? 등록금이 아깝다, 이 놈의 새끼야! 너 지금 이럴 거면은 학교 때려치우고, 똥구루마나 끌어. 이 새끼야!

현수: 네, 대학 안 갈 겁니다. 때려칠게요!

아버지: 뭐? 이 놈의 자식이 진짜! (현수에게 따귀를 날리는 아버지)

아버지: 너, 대학 못가면 뭐 줄 알아? 잉여인간이야, 잉여인간! 잉여인

간 알아? 인간 떨거지 되는 거야, 이 새끼야! 너 이렇게 속 썩일

려면 나가! 나가 뒈져! 이 새끼야!!(현수가 방을 뛰쳐나간다)

현수: 그래, 나 잉여인간이다.

....

잉여인간이란 사회와 공동체를 위하여 아무런 역할을 하지 못하는 쓸모 없는 사람을 말한다. 즉 공동체 구성원 가운데서 쓸모 있는 사람을 제외한 나머지가 잉여인간인 셈이다. 미래학자인 제러미 리프킨의 정의는 좀 더 혹독하다. "인류역사는 0.1퍼센트의 창의적 사람과 그를 알아보는 0.9퍼센트의 통찰력을 가진 사람이 이끌어 왔으며, 나머지 99퍼센트는 잉여인간"이라고 한다. 그는 덧붙여 잉여인간이란 소수가 일으킨 변화에 감탄만 하는 수동적 인간이라고 지적한다. 잉여로 규정된다는 것은 버려져도 무방하기 때문에 버려졌다는 것을 의미한다. 마치 환불해주지 않는 빈 플라스틱 병이나 일회용 주사기, 아무도 관심을 주지 않는 상품, 생산라인에서 버려지는 기준 미달 제품이나 불량품처럼 말이다.

최근 들어 우리 사회에서 잉여인간이라는 말의 함의는 좀 더 넓고 다양해졌다. 이태백, 삼팔선, 사오정, 오륙도는 물론이고 비정규직, 88만원 세대, 3포 세대까지도 제자리를 찾지 못한 '남는 인간'이란 의미가 포함된다. 영국의 사회학자 지그문트 바우만Zygmunt Bauman은 한발 더 나아가 잉여인간을 '쓰레기'라는 개념으로 접근한다. 20세기가 산업 쓰레기를 양산했듯이 21세기의 신자유주의는 '쓰레기가 되는 삶', 즉 '신新 잉여인간'을 양산하

고 있다고 그는 지적한다.

오늘날 인류 사회가 쓰레기가 되는 삶, 즉 대량의 잉여인간을 양산하게 된 원인은 무엇일까? 그것은 피도 눈물도 없는 자본주의 때문이다. 자본주의는 인간의 탐욕을 먹고 자라며, 그 탐욕은 인간이 존재하는 한 영원하다. 탐욕은 인간의 게으름, 호기심과 욕망에서 비롯된다. 특히 자본주의 산업의 근간은 한 없이 게으른 베짱이의 사고가 바꿨다고 할 수 있다. 직접 수레를 끌고 가는 것은 어떻게 하면 좀 더 편하게 이동할까 고민하다가 증기기관이 나타났고, 어떻게 하면 쉽고 편하게 대량생산을 할 수 있을까 고민하다가 자동화 기계가 개발되면서 규모의 경제가 가능했다. 또한 어떻게 하면 기억과 계산을 더 쉽고 편하게 할 수 있을까 고민하다가 컴퓨터가 등장했고, 이제는 어떻게 하면 더 편하게 시스템을 관리하고 생산성을 배로 높일 수 있을까 고민하다고 인공지능이 등장하게 된 것이다. 결국 게으른 인간의 욕망이 잉여인간을 양산하게 된 것이다.

지금 우리의 일상 세계가 잉여인간으로 전락하고 있다. 소비 능력을 가진 사람은 더 많은 자본으로 넉넉하게 되겠지만 못 가진 사람은 그 가진 것마저 빼앗길 것이기 때문이다. 이윤의 극대화를 추구하는 자본주의는 사람과 물건에도 가격표를 붙여 놓고 화폐로 환산되지 않으면 거래는 모조리 배제한다. 그렇게 함으로써 자본주의 시장은 잉여인간들을 적응할 수 없는 폐쇄적 공간으로 만들어버린다.

이곳에서는 화폐로 환산되지 않는 것이면 모조리 쓰레기가 되고, 임금으로 환산되지 않고 할 수 있는 일마저도 노동시장이 축소되면서 없어져 버렸다. 한 때 인간들은 노동해방을 희망했다. 마르크스가 말한 것처럼 일하고 싶을 때 일하고, 쉬고 싶을 때 언제든 자유롭게 쉴 수 있는 유토피아를 꿈꿨다. 그러나 이제 사람들은 노동해방을 꿈꾸지 않는다. 오히려 잉여인간이 되지 않으려 노동에 집착한다.

잉여인간을 대량으로 양산하는 두 번째 이유는 잉여인간의 불운이 개인적 불운이 아니라 우리가 속한 사회의 기하학적 성격 때문이라는 것이다. 노동자가 되지 못한 자의 불운은 노동자가 된 자의 불운과 맞물려 있다는 것이고, 부자를 낳는 원리가 빈민을 낳는 원리이기도 하다는 것이다. 즉 잉여가치를 낳는 사회가 잉여인간도 낳고 있다는 것이다.

나이를 불문하고 잉여인간이 늘어나는 상황에서 정부가 자주 활용하는 치료법 중 '국가 보조금 지급 제도'가 있다. 국가 보조금에는 잉여인간들에게 직업을 평생계획의 장기전망이나 자존심과 자기규정 문제 또는 장기적인 안정의 보증으로 여기기보다는 융통성을 갖고 특별히 까다롭게 굴지 말며, 직업으로부터 너무 많은 것을 기대하지 말고, 자리가 생기면 너무 많은 것을 묻지 말고 그대로 받아들이며, 일하는 동안만큼은 그것을 즐길 수 있는 기회로 삼으라는 충고가 포함되어 있다. 그러니 한 달에 20~30만원의 국가 보조금을 받고 "내 삶이 나아졌어요."라고 외치는 사람은 어디에도 없다. 오죽하면 영화 『말죽거리 잔혹사』의 현수 아버지가 잉여인간이 되면 "인간 떨거지 되는 거야."라고 했을까.

118

일본 소설 『덴데라』의 저자 사토 유야는 쓸모없는 자들의 영역에서 배제된 잉여인간을 '퇴적공간'이라는 용어로 표현한다. 저자는 퇴적공간의 의미를 두 가지 차원으로 설명했다. 하나는 노인정, 경로당과 같이 노인들이 모여 있는 물리적 공간을 의미하고, 다른 하나는 시장교환가치를 모두 상실하고 사회에서 밀리고 뒤로 물러나 지층을 이룬 퇴적층을 상징하는 공간적 의미다. 소설의 주요 내용은 다음과 같다.

'70세를 맞이한 노인들은 마을규칙에 따라 죽음의 산으로 버려진다. 그런데 죽음의 산에는 버려진 노파들이 살고 있었다. 이들은 주어진 운명을 거부하고 '덴데라'라는 공동체를 만들어 치열하게 살아간다. 살아야 할 특별한 이유는 없다. 다만 이들의 생존 본능을 자극한 것은 자신을 버린 가족과 마을 사람들에 대한 원망과 복수심뿐이다. 그러나 무의미하게 곰과 싸우다 죽어간다. 강 하구 부근에 모래와 자갈에 쌓여 하나의 지층을 이루며 모래톱을 만들어내듯이…'

지층을 이루며 쌓여지는 모래톱은 인간이 아니라 유령과 같다. 표현주의 화가 뭉크의 『절규』라는 작품에서 보여주듯 덴데라의 노인들은 유령같은 인간의 모습으로 전율하며, 해골 같은 얼굴에 공포에 찬 절규가 흘러나온다. 같은 주제를 그린 소묘 작품에는 뭉크의 다음과 같은 글이 덧붙여 있다.

"두 친구와 함께 산책을 나갔다. 햇살이 쏟아져내렸다. 그때 갑자기 하늘이 핏빛처럼 붉어졌고 나는 한 줄기 우울을 느꼈다. 친구들은 저 앞으로 걸어가고 있었고 나만이 공포에 떨며 홀로 서 있었다. 마치 강력하고 무한한 절규가 대자연을 가로질러가는 것 같았다."

2014년 한 언론사의 조사에 의하면 우리 사회의 2030 청년 세대 4명 중 1명은 스스로를 '잉여', 즉 사회의 남아도는 존재로 인식하는 것으로 드러났다. 전체 설문 대상자 700명 중 28.7퍼센트를 차지하는 201명이 자신을 잉여인간으로 생각한다고 대답했다. 제러미 리프킨이 제시한 99퍼센트 보다는 높지 않지만 심각한 수치다. 특히 미취업자(40.2%), 가정주부(38.1%), 학생(37.5%), 월 소득 101만~200만원(38.5%) 등에서 비율이 높았다. 응답자 중 36.3퍼센트는 '능력 및 학력(또는 스펙)이 부족해서'라는 점을 이유로 들었다. '취업이 안 돼서'(27.5%), '가난 및 가정환경이 불우해서'(15.9%)가 뒤를 이었다. 더욱 심각한 문제는 스스로 잉여인간이라고 생각하는 청년일수록 '미래를 자신의 힘으로 개척할 수 있다'고 낙관하지 못하는 경향을 나타냈다. 37.9퍼센트의 잉여인간이 회의적인 반응을 보였다.[26]

무엇보다 인공지능, 로봇공학, 사물인터넷 등의 발전이 4차 산업혁명과 코로나19로 언택트 산업이 주도하면서 잉여인간으로 인식하는 비율이 더욱 높게 나타났다. 4차 산업혁명과 언택트 시대에는 기존에 있는 일자리마

저 사라지고 상대적으로 새로운 일자리가 많지 않을 것이라는 주장이 강하게 대두되기 때문이다. 물론 여기에는 낙관론과 비관론이 존재한다. 로봇, 인공지능, 사물인터넷 등의 발전은 결국 노동생산성 향상을 도모한다. 하지만 이로 인해 로봇과 인공지능이 인간의 노동을 대체하면서 인간의 노동 가치를 지속적으로 떨어뜨리고, 잉여인간화 시키는 경제에 대한, 그리고 플랫폼을 소유하고 자신들의 탐욕만을 채우는 억만장자들에 대한 분노가 늘어날 것이다.

그 대표적인 예가 영국 런던의 명물 중 70년 전통을 가진 블랙캡 택시다. 블랙캡 택시 자격증을 취득하기 위해서는 런던의 지리의 15,000 ~20,000개의 포인트를 모두 외워야한다. 어떤 문제가 시험에 나오는지 모르기 때문이다. 시험이 끝나면 2단계 현장실습에 들어가게 되는데 교육기간만 2~4년이 걸린다. 이 과정이 끝나고 자격을 얻게 되면 25,000명의 블랙캡 기사 리그에 동참할 수 있다. 많은 사람들이 이 리그에 참여하는 이유는 연봉 1억원에 달하는 중산층 직업이기 때문이다. 그런 그들이 2016년 12월 랭리 거리의 도로를 점거했다. 자신들보다 30~50퍼센트 싼 가격으로 택시 영업을 하는 우버에 반대하기 위해서다. 당시 런던은 블랙캡의 두 배에 달하는 4만대의 우버택시가 영업중이었다. 우버로 인해 블랙캡 기사들의 수입은 40퍼센트 감소했고, 평일 근무시간도 더 늘어났으며 심지어 주말에도 일을 해야 했다.

기술의 발전은 일자리를 사라지게 하지만 동시에 새로운 일자리를 만든다. 문제는 새로 생긴 일자리가 어떤 일자리이며, 누가 수혜를 입는가이다. 우버 택시는 누구나 자신의 차량으로 택시 영업을 할 수 있으며, 운행요금은 블랙캡보다 70~80퍼센트 저렴하다.

우버의 요금 체계를 살펴보면 기본요금은 5파운드(₩7,500원)정도이며, 우버가 기사 수입의 25퍼센트를 가져간다. 우버가 사업을 시작했을 때 첫 수수료는 10퍼센트였다. 그러나 지금은 25퍼센트, 신규 기사들에게는 35퍼센트를 적용한다. 승객이 낸 금액의 25퍼센트를 우버에 지불하고 나머지 차량운행에 필요한 모든 비용은 개인이 부담해야 한다.

〈우버 기사의 의무사항〉
- 우버 수수료 25%
- 보험료 1년 450만원
- 우버 라이센서 1년 40만원
- 차량 정기검사비 1년 15만원
- 차량 유지비 1년 180만원
- 주차 위반료 회당 20만원
- 고객의 평가에 따라 패널티 받음
- 신체검사 의무

그들은 하루 평균 10시간을 꼬박 일하지만 최저 생계비 수준에도 미치지 못한다. 요금과 근무시간은 모두 우버가 정한다. 기사의 의견은 반영될

여지가 없다. 당시 영국 법원은 기사들의 편을 들어줬지만 우버는 불복해 여전히 전 세계 택시사업을 빨아들이고 있다. 플랫폼 기업이 현대판 노예를 양성하고 있는 것이다.

더욱 안타까운 현실은 자율주행 무인 택시가 상용화 되었다는 사실이다. 우버, 테슬라에 앞서 인터넷 기업인 구글이 계열사인 웨이모를 앞세워 미국 애리조나주 피닉스 일대에서 자율주행 택시 서비스를 공식 상용화했다. 택시요금은 차량공유서비스인 우버, 리프트와 비슷하거나 낮은 금액이다. 웨이모의 존 크래프칙 최고경영자는 "피닉스에 이어서 조만간 다른 지역으로 확장해 나갈 계획"이라고 말했다. 사람이 없는 자율주행 택시, 그

IT 기업의 저고용

6명

Google

8명

전통 대기업

100명

동일 수익 대비 고용

출처 : Eaquire(2018.2.9)

리고 그들이 벌어들이는 수익은 누가 가져가는가.

모든 산업분야는 개인이건 조직이건 모두 플랫폼화 될 것이다. 그러나 안타깝게도 지금의 플랫폼화 현상은 플랫폼 소유주에게 거의 모든 권력과 부를 집중시키는 형태로 발전하고 있다. 안타깝지만 오늘날 블랙캡 기사의 위치한 처한 사람들의 저항은 단순히 기술에 대한 저항이 아니다. 절대 다수를 패자로 만들어버리는 시스템에 대한 반기다.

모든 길은 로마로 통하듯, 미래의 가장 가까운 도시는 실리콘밸리로 통한다. 실리콘밸리는 미래 세계의 축소판이다. 엘렌은 실리콘밸리 산 호세 주립대학 영문과 교수로 비평적 글쓰기를 가르치고 있다. 그녀의 모든 일상은 차에서 시작되고 차에서 종료된다. 승용차가 엘렌의 집인 셈이다. 실리콘밸리 한 가운데가 직장인 그녀가 홈리스가 된 것은 지구곳곳에서 몰려드는 기술 엘리트 덕분이다. 연봉 10만 달러가 넘는 엘리트들이 밀집하자 집값이 천정부지로 오른 것이다.

실리콘밸리에서는 엔지니어, 컴퓨터공학자, 프로그래머, 생체의학자, 생화학자가 되어야만 살아남는다. 그 외 직업은 쓰레기 취급받는 잉여인간이 된다. 사람들이 집으로 퇴근해서 가족들과 식탁에 들러 앉아 이야기도 나누고 TV도 보고 샤워도 하는 일상적 저녁, 잉여인간에게는 승낙되지 않는 시간이다. 엘렌 역시 중산층을 꿈꾸었고 만학을 통해 교수가 되었지만 이 도시에 그녀가 머물 자리는 없다. 그녀에게 실리콘밸리는 부서진 꿈이자, 두려움, 이기주의, 거짓말 그리고 감옥이다. 오늘도 그녀는 주차 공간 확보를 위해 거리를 헤매고 있다.

　민주주의 시장경제를 정당화시키는 도덕적 주장 중 하나인 '개인의 이윤 추구가 동시에 공익을 위한 최선의 매커니즘을 제공한다'고 했으나 이 주장은 명백한 거짓으로 밝혀졌다. 지난 금융위기가 시작되기 전 20년 동안 OECD 국가들의 상위 10퍼센트의 실질 가구 소득이 최하위 10퍼센트의 실질 가구 소득보다 월등히 빠른 속도로 증가했다. 이는 정치인들이 자본가와 결탁해서 외치는 '낙수효과'가 숙고할 여지없이 거짓으로 드러난 증거다. 즉 사회의 상층에 축적된 부가 다른 하층의 사람들을 더 부유하게 만드는 낙수효과는 실패했다는 것이다. 4차 산업혁명 기업이 부자가 되는 동안 정작 일을 하는 노동자는 가난해졌고 실업자 수는 급격히 늘어났지만 스마트한 세상에 필요한 사람은 극히 적다.

　이제 결론을 내려보자. 그렇다면 잉여인간을 줄일 수 있을까? 단언컨대 잉여인간은 줄어들지 않는다. 이유는 나와 당신이 가지고 있는 탐욕 때문이다. 자본주의는 인간의 탐욕을 먹고 자라며, 그 탐욕은 인간이 존재하는 한 영원하다. 당연히 인간의 탐욕이 소멸되지 않는 한 자본주의는 더욱 강고하게 진화될 것이고, 이 흐름에 따른 다른 형태의 잉여인간이 계속해 탄생하게 될 것이다.

　결국 인간의 탐욕이 소멸되어야 자본주의 운동에너지도 소멸되고 잉여인간도 잉태되지 않는다. 고은 시인의 『그 꽃』에 등장한 탐욕스런 꽃이 존재하는 한 말이다.

"내려갈 때 보았네

올라갈 때 보지 못한 그 꽃"

영혼,
가식적 양심의 실천

명예는 밖에 나타난 양심이며,

양심은 안에 잠기는 명예이다.

- A. 쇼펜하워 -

타고난 거짓말쟁이

프랑스 화가인 앙리 루소Henri Rousseau는 서양미술사에서 비슷한 예를 찾아볼 수 없을 만큼 특이한 이력을 지니고 있다. 미술에 혁명적인 재검토가 이루어지고 새로운 운동과 유파가 탄생하던 19세기 말에서 20세기 초 파리에서 활동했으나, 그는 어떤 운동에도 참여하지 않았고 그의 작품은 어떤 유파에도 속하지 않았다. 특히 그의 작품은 사실과 환상을 교차시킨 독특한 것으로 이국적인 정서를 주제로 다룬 창의에 넘치는 그림을 그렸다. 순진무구한 정신에 의해서 소박한 영상이 참신한 조형질서에 따라 감동적으로 나타난다. 때로는 한 편의 애니메이션을 보는 듯하다.

루소는 많은 작품 중 이국적인 정글과 동물을 위주로 그렸다. 초현실적인 분위기의 그림 속에는 낯설고 신비로운 에너지가 느껴진다. 특히 『꿈』은 루소가 죽음을 얼마 앞둔 시기에 그린 그림으로 당시 비평가들에게 극찬을 받기도 했다.

● 꿈, 앙리 루소, 1910, 298×204cm, 캔버스에 유화, 뉴욕현대미술관

하지만 그의 순수함과 천진한 그림 뒤에는 인간의 원초적 이기성이 숨어 있었다. 사실 루소는 절도와 사기 혐의를 가진 전과자였다. 그는 자신의 환상적인 정글 그림이 아프리카를 다녀와서 그런 게 아니라는 사실이 들통날까봐 일부러 외국을 다녀왔다고 거짓말을 했다. 또한 전쟁터에 나간 적이 없었던 자신을 '전쟁의 영웅'이라고 거짓말하기도 했다. 게다가 젊은 시절, 변호사 사무실에서 일했던 루소는 다량의 우표와 현금을 훔친 죄로 짧은 기간 동안 감옥에 수감되었고, 감옥에 가지 않기 위해 7년간 군복무를 해야 했다.

두 번째 전과는 세월이 한참 흐른 후로 간교한 은행 사기 사건에 연루되었다. 은행 직원이었던 친구의 음모 하에 가명으로 계좌를 만들어 날조된 예금증서를 만들어냈다. 범죄는 곧장 탄로 났고 그는 감옥에 끌려갔다. 루소는 재판에서 자신의 순진한 이미지를 이용했지만 배심원들은 그를 완전히 믿지 않았다. 결국 루소는 벌금을 물고서야 풀려났다.[27]

루소가 거짓말하는 태도를 보고 배신감과 분노가 치미는가? 하지만 우리는 루소와 다름없다. 모든 인간은 거짓말을 한다. 사람들은 하루에 평균 200번 거짓말을 한다고 한다. 성경의 시편 116편 11절에도 "모든 사람은 거짓말쟁이"라고 했다. 아플 때 가족의 걱정 때문에 아프지 않다고 전화를 한다. 주말 등산에 가지 않을 거면서 관계를 고려해서 일단 가겠다고 말한다. 사랑하지 않으면서 사랑한다고 말한다. 눈물을 머금고 있으면서 행복하다고 말한다. 백수 5개월째인데 직장생활이 힘들다고 말한다. 당신은 절대로 결단코 한 번도 거짓말을 하지 않았다고 주장할 수 있을까?

베네치아 화파의 창시자인 조반니 벨리니Giovanni Bellini의 『거짓말』은 거짓말에 대해 갖고 있던 증상을 압축적으로 보여준다. 다음의 그림에서 두 사람이 거대한 소라껍질을 메고 간다. 소라껍질은 은폐된 마음, 거짓말을 암시한다. 그런데 소라껍질에서 불쑥 상반신을 내밀며 거짓말이 빠져 나온다. 그의 몸에는 거짓말의 화신이 된 뱀을 손에 칭칭 감은 상태다. 소라껍질을 짊어진 인간은 평생 거짓말과 함께 살아가는 것을 상징한다.

● 조반니 벨리니, 〈거짓말〉, 1490년

매 순간 거짓말을 생각해내는 사람들을 위한 다음의 실험을 해보았다. 참가자들을 버튼이 몇 개 있는 방에 무작위로 한 명씩 넣는다. 그리고 그들이 특정 행동을 하면 점수를 얻었음을 알리는 붉은 불이 들어온다. 참가자들은 30분 동안 자신이 어떤 행동을 해서 점수를 올렸는지 알아내면 된다.

일단 대부분의 참가자들은 자리에 앉아 버튼을 마구 눌러댄다. 버튼과 점수의 상관관계를 제일 먼저 확인한다. 불이 들어와 점수를 얻으면 방금 했던 행동들을 반복해서 점수를 얻으려 한다. 그런데 이번에는 불이 들어오지 않는다. 그러면 좀 복잡한 행동들을 시험해본다. 이 버튼을 다섯 번 누르고 저 버튼을 두 번 누른 뒤 3초를 기다렸더니, 불이 들어온다. 1점 획득. 그런데 어째 이 방법은 더 이상 통하지 않는다. 그러면서 사람들은 버튼과 점수와 관계가 없다는 것을 의심하며 앉아 있는 의자에서 일어나거나 이동시켜본다. 혹시 내 발의 위치와 관련이 있나? 그 때 다시 1점 획득. 그래, '내 발 때문이었군...' 그런데 이 방법도 더 이상 통하지 않는다.

일반적으로 각 참가자들은 점수를 얻는 데 필요한 일련의 행동을 10~15분 안에 알아낸다. 그런 행동은 아주 이상한 것인데, 이를테면, 다리를 꼬아서 3분 동안 버튼을 빠르게 누른다던지, 의자를 들고 버튼을 누르거나, 특정 방향을 보면서 누르기 등이다.

그런데 여기서 재미있는 점은, 사실 점수는 무작위로 주어진다는 것이다. 정해진 특정 순서나 행위, 패턴은 없다. 딩동 소리와 함께 켜지는 불과 자기가 뭘 해서 점수를 얻었다고 생각하며 이상한 행동을 하는 사람만이 있다.[28]

위 실험의 핵심은 인간이 얼마나 빨리 거짓말을 생각해내고 그걸 믿고 정당화하는지를 보여준다. 결국 실험에 참가한 참석자는 모두 거짓말을 했다. 참가자들은 하나같이 방을 나서며 자신이 실험에서 이겼다며, 어떻게 하면 점수를 얻는지 확신했다. 이처럼 우리는 전부 거짓말의 달인이다.

실험뿐만 아니라 설문조사에서도 거짓말을 한다.

다음 설문을 읽고 응답해보라.

- 평소에 증오하는 직장 상사가 내 눈에 사라지기를 상상한 적이 있다?
- 한달에 한권의 책도 읽지 않는다?
- 부모로부터 10원의 재산도 탐하지 않는다?
- 명품 수입차, 넓은 평수의 아파트가 절대 부럽지 않다?

거짓으로 답하고 싶은 유혹을 느꼈는가? 이런 설문의 경우 사람들은 당혹스러운 행동이나 생각을 축소해서 응답한다. 분명 설문조사는 익명인데도 말이다. 인간은 타자의 시선을 통해 나를 바라보고 동시에 나에게 객체성을 부여하는 존재다. 그러므로 타자는 항상 나와 투쟁의 관계에 있을 수밖에 없는 처지에 놓여 있다. 쉽게 표현하자면 인간은 남들에게 멀쩡하게 보이기를 원한다. 이것을 '사회적 바람직성 편향'social desirability bias'이라고 한다.

나의 고등학교 친구 아버지는 30년간 교편을 잡은 윤리 선생님이었다. 퇴직 1년 후 오토바이를 타고 역주행해 심각한 교통사고를 당했다. 그제야 친구 아버지는 말한다. "윤리가 무엇인지 깨달았다고" 정말 윤리가 뭔지 깨달았을까? 교통사고의 사실을 알고 있는 아내에게, 아이들에게 미안하기 때문에 내뱉는 거짓말이다. 그렇다고 이 거짓말이 잘못됐다고 할 수 있을까?

"당장 금지돼야 한다. 저속해서가 아니라 짜증나기 때문이다. 주인공은 여성지 독자나 좋아할 자기 비하를 끊임없이 해댄다." (The Times)

1998년 미국 케이블 채널 HBO에서 이 드라마가 처음 전파를 탔을 때 언론의 반응은 냉담했고 섹스를 자유롭게 얘기하는 4명의 싱글 여성 주인공들에게 비판이 쏟아졌다. 당시만 해도 텔레비전 쇼에서 '밝히는' 여성은 악역이었고 주인공은 육체적 사랑을 추구해선 안됐다. 그런데 첫 에피소드만 280만여 가구가 시청했고, 시즌1의 평균 시청 가구는 690만여 개에 달했다. 2004년까지 계속된 드라마는 7번의 에미상과 8번의 골든 글로브상을 수상했다. 2007년 미국 시사 주간지 '타임'은 최고의 텔레비전 시리즈로 꼽았다. 이 드라마는 국내에도 '브런치' 열풍을 불러일으킨 『섹스 앤 더 시티』다.[29]

사람들이 익명의 설문조사에서도 거짓말을 하는 이유는 인간이 '선의의 거짓말'을 좋아하기 때문이다. 사회적 바람직성한 선의의 거짓말은 사회적으로, 도덕적으로 정당하다는 논리다. 그래서일까. 사람들은 평생 세 번에 한 번꼴로 선의의 거짓말을 한다.

하지만 유일하게 거짓말을 하지 않는 곳이 있다. 바로 구글이다. 구글을 이용한 경험을 떠올려보자. 구글 검색창 앞에는 노비, 양반, 배운 사람, 무식한 사람의 구분이 없다. 사람의 대다수는 구글에 매우 사적인 이야기, 가장 노골적인 이야기, 가장 원초적인 이야기가 거짓없이 드러난다. 예를 들어 미국인들은 '날씨'보다 '포르노'를 더 많이 검색한다. 남성 25퍼센트와 여성 8퍼센트만이 포르노를 본다고 인정한 설문조사의 결과와는 거리가 한참 멀다.[30]

구글의 검색 중 실업률과 가장 긴밀한 연관성이 있는 단어는 무엇일까? '취업교육', '실업급여', '일자리', '실업자 수' 또는 그와 비슷한 단어를 떠올렸는가? 그렇다면 당신은 아직도 사회적 바람직성 편향에 젖어 들고 있다. 2004년부터 2011년까지 미국 실업률과 관련된 키워드를 조사해본 결과 가장 인기가 높았던 검색어는 '슬럿로드slutload'였다.[31] 슬럿로드는 미국의 유명 포르노 사이트 이름이다. 일자리를 잃은 사람들은 시간적 여유가 많고, 바깥 생활보다는 집안에서 무료한 시간을 보내기에는 제격이기 때문이다.

이제 진실을 알기 위해서는 성당에서 고해성사도, 치열한 법적 공방도 필요없이 구글 검색을 통하면 된다. 디지털 시대 이전에는 자신의 치부를, 비상식을 다른 사람들에게 숨기며 살아왔다. 하지만 인터넷과 익명성을 보호해주는 검색 사이트에서는 태도가 달라진다.

검색 창 앞에 인간은 철저한 공리주의자로 바뀐다. 공리주의utilitarianism는 공리성utility을 가치 판단의 기준으로 하는 사상이다. 곧 어떤 행위의 옳고 그름은 그 행위가 인간의 이익과 행복을 늘리는 데 얼마나 기여하는가 하는 유용성과 결과에 따라 결정된다고 본다. 넓은 의미에서 공리주의는 인간을 언제나 쾌락과 행복을 추구하고 고통과 불행을 피하려는 본성을 지닌 존재로 파악한다. 인간 행동에 대한 윤리적 판단의 기준도 이러한 공리적 인간관에 기초하는데, 이에 따르면, 인간의 쾌락과 행복을 늘리는 데 기여하는 것은 선한 행위이지만, 고통과 불행을 크게 하는 것은 악한 행위이다. 물론 '최대 다수의 최대 행복'을 실현하는 것이 공리주의의 목표이지만 쾌락과 행복을 추구하는 개인의 이기심을 전제로 하는 관점에서는 오늘날 슬럿로드의 콘텐츠를 즐기는 사람과 별반 다르지 않다.

문제는 현대판 공리주의자들이 기하급수적으로 늘어나고 있다는 거다. 영국 과학 잡지 '뉴사이언티스트'는 1초 동안 구글 검색이 4만8,745건의 검색이 이뤄지고 있다. 더욱 놀라운 사실은 전 세계에서 가장 폐쇄적인 북한에서도 가장 많이 사용되는 검색사이트는 구글이다. 아일랜드 더블린 소재 스탯카운터의 통계에 의하면 2017년 2월부터 2018년 3월 북한에서 구글 이용률이 92.44퍼센트로 압도적인 1위였다. 물론 일반주민들에게는 제약이 있지만 노동당 위원들과 측근들은 자신의 쾌락과 행복을 구글 검색창에서 누리고 있는 것이다. 자본주의 사회에서 구글은 더욱 노골적으로 사용된다. 2018년 7월 기준으로 구글에 '바보idiot'를 검색하면 도널드 트럼프 미국 대통령의 사진이 쏟아진다. 온라인 상에서 트럼프 대통령의 정책에 반대하는 사람들이 구글에 감각적·순간적 쾌락을 역설하고 있다. 이처럼 때로는 자기 검열 없는 생각을 구글에 입력한다. 트럼프의 정책이 당장 바뀔거라 생각하지 않는다. 하지만 자신의 감정을 거짓없이 솔직하게 드러냄으로써 정신적 쾌락을 입는다. 이때 검색창은 일종의 고해실 역할을 한다.

구글 검색이 늘어날수록 거짓말과 인간의 이기성이 줄어들까? 서구 역사의 창시자인 헤로도토스Herodotos의 저술에 페르시아 인의 관습을 엿볼 수 있다.

"페르시아 인들은 5세에서 20세 사이의 소년에게 단 세 가지만을 가르친다. 승마와 활쏘기, 그리고 진실만을 말하기가 바로 그것이다."

예나 지금이나 진실은 여전히 최고의 가치로 꼽고 있으며, 진실은 학문적 소양의 최고 덕목이다. 진실을 추구하는 학문이 진실을 도외시하면 문제가 심각해지기 때문이다. 그렇다면 보편타당한 진리란 존재할까? 진리는 역사적 변화처럼 절차적 성격을 띤다. 아무도 진리가 무엇인지 말할 수 없지만 그럼에도 불구하고 우리는 진리가 무엇인지를 알려고 한다. 이를 역설적으로 해석하면 인간이 지속적인 거짓말을 하기 때문에 진리를 강렬히 추구하려는 것이 아닐까. 오늘날 정신과의사 조지 서번Geoge Serban은 거짓말을 "인간의 제2 천성"이라고 주장했다. 그렇다면 인간은 거짓말을 할 수 밖에 없는 동물로 정의해야 마땅하다.

우리의 현실은 역설적이고 모순적이다. 한편으로는 인간의 삶은 우회적 의사소통(선의의 거짓말)과 경우에 따라서는 거짓말 없이는 불가능하다. 간혹 평화로운 삶은 우회적 의사소통과 거짓말에 의해 유지되기도 한다. 말하자면 위선은 도덕의 조건이 될 수 있으며, 거짓은 민주주의의 조건이 될 수 있다는 건가. 그래도 다행인 것은 진리를 추구하려는 의지가 여전히 우리 사회를 움직이고 있다는 것을.

2
. . .

언 발에 오줌 누기

중국 춘추전국시대 노나라에 아버지와 아들이 함께 살고 있었다. 집은 몹시 가난했지만 아버지는 지혜로웠고, 아들은 매우 착하고 성실했다. 여느 날과 다름 바 없이 성실한 아들은 산에 나무를 하러 갔다. 그런데 한나절도 지나지 않아 아들이 지게 가득 땔감을 지고 내려왔다. 이를 본 아버지는 깜짝 놀란 아들에게 물었다.

"그 많은 땔감을 어찌 이리 빨리 해왔느냐?"

아들은 아버지가 '부지런하다'라는 의미로 칭찬하는 줄로 알고 피식 웃고 말았다. 그 뒤로도 아들은 매일 짧은 시간에 많은 땔감을 지고 왔고, 아버지는 몇날 며칠 그런 아들을 말없이 지켜보았다. 그러던 어느 날, 늘 고개만 끄덕이며 배웅하던 아버지가 아들을 불러 세웠다.

"네게 물어볼 말이 있구나. 만약 어떤 사람더러 산에 가서 나무를 해오라고 한다면, 그 사람은 백 보 떨어진 산에 가서 나무를 하겠느냐, 아니면 힘이 들더라도 백 리 떨어진 산으로 가서 하겠느냐?"

"그야 물론 백 보 떨어진 산에 가서 하겠지요. 백 리나 떨어진 산으로 가서 나무를 한다는 건 너무 미련한 짓 아닙니까?"

아들은 당연하다는 듯 대답했다.

"그럼 하나만 더 묻자. 옛날, 몹시 추운 겨울날, 발이 꽁꽁 언 사람이 있었다는구나. 그런데 주변에 발을 녹일 만한 게 없더란다. 그래서 오줌이라도 누워 발을 녹여야겠다고 생각했지. 그 사람이 언 발을 오줌으로 녹였다면 그 다음엔 어떻게 되었겠느냐?"

"처음에야 따뜻한 오줌줄기 때문에 발이 녹겠지요. 하지만 오줌이 식고 나면 더 꽁꽁 얼어붙을 테니 결코 좋은 해결책이 아닙니다."

그러자 아버지가 흡족한 듯 미소를 지으며 대답했다.

"그래, 맞다! 그렇다면 이제껏 네가 해온 행동을 돌이켜 보거라. 물론 누구든 백 리나 떨어진 곳으로 가서 나무를 해오고 싶진 않을 게다. 하지만 나중 일을 생각하면 어찌해야 하겠느냐?"

아들은 아버지 말씀을 곰곰 생각하다가 한참만에야 깊은 뜻을 이해하고 고개를 끄덕였다.

"백 보 앞의 산에서 땔나무를 하는 것은 당장은 편리한 일이지요. 하지만 내 집 앞의 땔나무가 다 떨어진 뒤에는 있을지 없을지도 모르는 땔나무를 찾아 먼 곳을 헤매야 할 겁니다."

이 이야기는 중국 당나라 임신사가 쓴 '속맹자'에 나온 고사다. 고사라고 치부해버리기에는 현실의 우리 삶과 너무나 닮아 있다.

1975년 제작된 영화 『조스』는 거대한 식인 백상어와 인간들 간의 목숨을 건 대결을 그린 작품이다. 이 영화가 상영되면서 실제 캘리포니아 해안에서 수영을 즐기던 사람들이 대거 사라졌다. 평화롭던 해변의 작은 휴양도시에 거대한 식인 백상어가 나타나 수영객들을 위협하자 관광객들의 발길이 끊기면서 생계가 어려워진 마을 사람들이 상어를 퇴치하는 모습이 영화와 비슷하다. 하지만 현실은 어쩌다 한 번씩 상어가 해변 근처에 모습을 드러내긴 했지만 수영하다가 습격당한 사람은 거의 미미하다. 수영을 하다가 상어에게 습격당할 확률은 해변으로 차를 몰고 오다가 교통사고로 사망할 확률보다 낮음에도 불구하고 말이다.

대다수의 인간은 극적인 것에 강한 흥미를 느끼기 때문에 합리적인 판단을 내리지 못하는 경우가 많다. 우리는 기억에 강하게 남는 최근의 이야기를 꽤 일반적이라고 과대평가한다. 예를 들어 사람들은 천식보다 토네이도가 더 흔한 사망 원인으로 평가한다. 사실, 미국 국립기상국과 폐협회 통계에 의하면 1979년부터 2010년 사이, 평균적으로 55.8명의 미국인이 토네이도로 사망했고 4,216명이 천식으로 사망했다. 천식의 사망률은 토네이도보다 70배 높다.

비슷한 연구에 따르면 사람들은 자기가 뇌졸중 같은 질병 발작으로 죽을 확률보다 사고로 죽을 확률을 두 배나 높게 생각한다고 한다. 하지만 실제로는 질병 발작 사망률이 사고 사망률보다 40배나 더 높다.[32] 왜냐하면 천식이나 질병 발작에 의한 사망자는 뉴스거리가 되지 않지만 토네이도를 비롯한 사고 사망은 메인 뉴스에 특종으로 다루기 때문이다.

조스와 같은 거대한 위협이 일본에도 나타났다. 2011년 일본은 초대형 지진에 이은 쓰나미로 후쿠시마 원전이 사고를 당했다. 깜짝 놀란 일본 정부는 모든 원전을 정지시키고 '원전 제로'를 선언하고 후쿠시마 사고 이전 25.1퍼센트였던 원전의 비율은 1.7퍼센트로 줄었고, 83.8퍼센트를 화력이 차지했다.

'자라보고 놀란 가슴 솥뚜껑 보고 놀란다'고 했던가. 일본의 사례에서 위협을 느낀 한국은 2017년 5월 새로운 정부 출범 이후 '에너지 전환'이라는 기조 이래 탈원전을 가속화했다. 가장 최근 가동 중이던 경주 월성1호기를 폐쇄하고 부지 매입 단계에 있던 신규 원전 4기 건설을 취소했다.

사실 원자력발전소가 위험하긴 하지만 서구 사회에서 핵으로 사망한 사람은 아주 적다. 위험한 만큼 주의 깊은 검사와 통제로 관리되기 때문이다. 하지만 일반 사람들은 화석연료를 이용하는 발전소가 원자력발전소보다 더 위험하다는 사실을 좀체 믿으려 들지 않는다. 국내 영화『판도라』부터『후쿠시마의 미래』,『체르노빌 다이어리』,『태양의 덮개』,『K-19 위도우메이커』등 영화와 뉴스거리가 재미와 특종으로 다뤄지면서 '지구에 존재하는 가장 위험한 발전소는 원자력이다'라는 정의를 낳았기 때문이다.

화석연료의 위험성은 그것을 채취하고 운송하는 노동자들에게 직접적인 위험까지 포함한다. 해마다 1만 명의 광부 중 1~2명은 갱에서 사망하며 석유굴착용 플랫폼에서 사망할 확률은 그보다 더 높다. 또한 영국에서는 도로 교통으로 석유를 운송하는 사람들이 매년 12명이나 사망한다. 게다가 화석연료를 태우면 공기 중에 탄화수소가 방출되며 그 중 일부는 암을 발생시킨다. 현재 대한민국을 뒤덮고 있는 미세먼지는 99.9퍼센트 화석연료 사용에 의해서 발생된다. 이산화황, 질소산화물, 오존 등 지구 대기 환경을 오염시키는 물질은 100퍼센트 화석연료 사용으로 발생한다. OECD 자료에 따르면 대한민국은 인구의 100퍼센트가 위험한 농도의 미세먼지에 노출되어 있다. 대한민국은 OECD의 다른 국가보다 미세먼지로 인한 조기 사망률이 2배 이상이며, 이 상태로 2060년이 되면 조기 사망률이 지금보다 3~4배 증가할 것으로 예측된다.

화석연료는 다양한 산, 특히 황산을 배출하는데 이것이 나무와 그 밖의 식물에 광범위한 손상을 입힌다. 영국의 경우, 해마다 도시인구는 농촌인구에 비하여 1만 명 정도 더 많이 죽는다. 전기 생산량 대비 사망률을 비교해보면 석탄발전소가 원자력발전소의 10에서 100배까지 더 많을 것으로 추산된다. 이러한 죽음의 대다수는 화석연료에서 나오는 유독물질에 기인한다. 화석연료를 태움으로써 발생하는 결과는 광범위할 뿐 아니라 잠복성이 있고 장기적이다. 그래서 그러한 효과들은 으레 무시된다. 하지만 방사능 누출은 매우 가용적이고 직접적인 영향력이 나타나기 때문에 화석연료보다 더 위험하다는 주장이 강하다.

만약 2011년 일본이 쓰나미로 후쿠시마 원전 사고를 당할 당시 일본 석탄발전소를 비롯한 가스발전소, 수력발전소 등이 지진을 이겨내지 않았다면 어땠을까? 히로시마 원자폭탄의 악몽을 되새기며 전기없는 나라를 주장하지 않았을까?

화석연료는 유한자원이기 때문에 언젠가는 고갈될 수밖에 없다. 하지만 화석연료 사용량이 증가 추세에 있다는 것은 안타까운 현실이다. 이러한 상황에도 불구하고 소비 국가들이 화석연료에서 비롯되는 방사능 문제가 원자력으로 인한 방사능 문제보다 더 심각하다고 내린 결정일까? 지구 표면에 버려진 석탄재에서 고농도의 방사능이 발생한다는 문제와 지하수나 대기 중에 방사능이 방출됨으로써 4,000만 명이 사망할 것이며 이 수가 점점 더 늘면서 결국 지구는 사람이 살 수 없다는 것을 가정하고 내린 결론일까? 그들의 의사결정 척도 중 단 하나는 '경제성'이다. 2011년 후쿠시마 원전 폭발 사고 후 '원전 제로'를 선언했던 일본이 2030년까지 전체 발전량에서 원전이 차지하는 비중을 현재의 10배 이상으로 늘리기로 했다. 그 이유도 경제성이다. 알지만 행해지는 인간의 이기성, '언 발에 오줌 누기'와 다르지 않다.

사람들은 자신의 경험이나 혹은 자주 들어서 익숙한 것들의 관점에서 세상을 바라본다. 이것은 참으로 어리석은 일이다. 왜냐하면 자신의 머릿

속에 더 잘 떠오른다고 해서 현실에서도 보편적이고 타당한 진리가 되는 것이 아니기 때문이다.

문제는 익숙한 일들이나 경험들이 반복되면서 '감정적 적응emotional adaption'을 한다는 것이다. 즉 인간이 환경의 변화에 영향을 받는데 그 감정적 변화는 시간이 지날수록 반응은 둔화되거나 안정된다. 예를 들어 교통사고로 장애를 입은 사람은 한동안 절망에 사로잡힌다. 그러나 시간이 지나면 대부분 절망을 이기고 사고이전에 누렸던 행복의 상당 부분을 회복한다. 반대로 주인없는 자동차를 훔쳐 탔는데 경찰한테 걸려서 전과자가 되었다. 그러나 시간이 지나면서 죄책감은 사라지고 사고이전의 감정상태를 회복한다. 보다 일반적 의미에서 감정적 적응은 노벨경제학상을 받은 아마르티아 센Amartya Sen이 극빈층을 관찰하면서 얻은 깨달음이다. 그는 극빈층이 일반적으로 생각하는 것만큼 불행하지 않다는 것이다. 극빈층 사람들은 더 나은 환경을 알지 못하기 때문에 힘든 환경에도 잘 적응한다. 철학에서는 이를 '행복한 노예'의 문제라고 부르기도 한다. 만약 정부의 정책 입안자, 오피니언 리더, 엘리트 계층이 행복한 노예의 개념을 악용한다면 이것은 심각한 문제가 된다.

대한민국 헌정사상 최초로 대통령이 파면될 때 엘리트 계층은 대통령의 일탈적 행위를 지적하지 않았다. 권력 농간에 눈을 감고 굴종하고 아부하는 인간의 심리가 악용되었다. 익숙한 일을 하고 감정적 적응에 접어든 엘리트 계층은 "자신이 한 일은 선한 의도였다"는 대통령의 강변을 의심없이 받아들였다. 최근에는 언론의 힘이 커지면서 사람들이 더욱 심각한 오류에 빠진다. 미디어가 특정 사건에 왜곡된 보도를 하면 사람들은 마치 언론이 보도하는 것처럼 모든 것들을 흔하고 당연하게 받아들인다. 이는 다수가 아닌 소수의 경제적 이득을 취하는 것이 목적임에도 불구하고 말이다.

비합리성은 악마가 기승을 부리는 토대다. 다른 대안을 찾지 못해 익숙한 경험들을 그대로 이용하는 것은 결과가 잘못될 줄 알면서도 전력 질주하는 것과 같다. 회의하고 비판적인 의심의 칼날을 버려야 나를 발전시키고 시대를 변화시킬 수 있다.

3

• • • •

행복하지만 행복하지 않은

세계적인 SF작가인 어슐러 K. 르귄Ursula K. Le Guin의 책『바람의 열두 방향』에는 오멜라스라는 지상낙원이 있다. 도시는 아름답고 풍요로웠으며 시민들은 행복했다. 하지만 그 도시에는 불편한 진실이 있다.

> "오멜라스의 사람들은 모두… 알고 있다.
> 자신들의 행복… 아이들의 건강… 온화한 날씨조차도
> 그 아이의 지독하리만큼 비참한 처지에 달려있다는 사실을"

행복의 전제조건은 다음의 딱 한가지다. '단 한 명의 아이가 계속 고통을 받고 있어야 나머지 모든 사람들이 행복할 수 있다'는 것이다. 모두는 알고 있었으나 슬그머니 외면했다. 단지 그것을 받아들이려 하지 않았던 몇몇의 시민만이 어디론가 도시를 떠나갔다. 오멜라스는 그 후로도 오랫동안 풍요로움으로 가득했다.

오멜라스 이야기는 집단의 전체적인 행복을 위해서는 소수의 사람들이 희생될 수 있다는 논리다. 문제는 현실을 사는 사람들이 그렇게 생각하는 경향이 크다는 거다.

2018년 3월, 미국 워싱턴과 뉴욕을 비롯한 800여개 도시에서 총기규제 강화를 촉구하는 대규모 집회가 열렸다. 한 달 전 총기난사 사건으로 17명이 희생된 플로리다주 마조리 스톤맨 더글러스 고교의 생존학생들이 주도한 행사에는 초·중·고교 교사를 비롯하여 학부모 등 각계각층의 시민들이 참여했다. 당시 버락 오바마 전 대통령은 트위터를 통해 지지를 표명했고, 배우 조지 클루니와 영화감독 스티븐 스필버그 등 기부금으로 힘을 보탰다. 플로리다 참사로 25년만에 총기 규제 지지율이 70퍼센트에 육박했다.[33] 결론은 피해자의 의도대로 됐을까?

잘 아시다시피 미국은 총기 소지가 자유로운 나라다. 민간인 보유 총기 수가 2억7,000만~3억정으로 추산된다. 인구가 3억2,600여만 명인 점을 고려하면 사실상 1인 1정꼴로 휴대폰만큼이나 일상적인 물건이다. 워싱턴포스트에 따르면, 1999년 컬럼비아 고교 사건 이후 최소 193개 학교에서 18만7,000여 명이 총격사건을 경험했다고 한다. 그럼에도 총기규제가 강화되지 않는 이유는 뭘까?

우선 '무기 소지 및 휴대에 관한 권리'를 규정한 수정헌법 제2조가 역사·문화적 배경으로 작용한다. 미국 최대의 이익단체인 미국총기협회NRA는

148

다섯 손가락 안에 드는 선거 후원단체의 정치적 큰 손이다. NRA의 회원만 500만 명에 육박하고 이들은 상하원 의원들에게 엄청난 금액을 후원하고 있다. 의원은 강력한 정치자금의 지원을, 협회는 이윤을 추구하기 위해서 서로가 유착관계에 있다. 이들의 관계는 모든 미국인, 전 세계가 다 알고 있는 사실이다. 연방 상하원 의원들은 총기사건이 발생하면 충격과 분노를 표시하지만 그때뿐이다. 규제 강화 입법에 적극 나서거나 NRA에 정면으로 맞서는 이들은 거의 없다. 더글러스 고교 사건 이후 도널드 트럼프 대통령은 "수정헌법 1조의 권리(언론·출판·집회의 자유)를 행사하는 미국인들에게 박수를 보낸다."고 했을 뿐, 별다른 언급을 하지 않았다. NRA가 지원하는 정치 후원금이 끊길까 두려워서다. 돈 때문에 소수의 생명이 쓰러져도 다수가 행복한 소설 속의 지상낙원, 미국에서도 자행되고 있다.

지상낙원이나 현실에서 다수의 집단은 자신들의 부정적 기준들과 완벽히 일치하지 않는 어떤 개인의 우월성도 인정하지 않는다. 즉 집단은 개인의 탁월성을 구성하는 독특한 미덕을 지극히 싫어한다. 집단은 해당 집단에게만 적용될 수 있는 단 하나의 행동기준밖에 용납하지 않는다. 그것이 그들만의 '정언명령定言命令'이다. 관습과도 같은 이 기준은 인간 본연의 목적에 기반한 조건없는, 누구에게나 동일한 도덕적 행동이 아니라 오로지 자신의 집단만을 위한 미덕이어야 한다.

그래서일까. 니체는 이러한 집단을 "가축떼"라고 불렀다. 이기적 집단

● 침대의 크기에 맞춰 키가 큰 사람은 발목을 자르고, 키가 작은 사람은 다리를 늘려서 죽였다는 그리스 아티카의 강도 프로크루스테스

은 소수 사람들의 탁월한 정신을 평가절하 해버리거나 모든 미숙한 이기적 자의식을 성숙한 인간의 것만큼 억지로 늘여버리는 '프로크루스테스procrustes의 침대'와도 같다.

따지고 보면 오늘날 민주주의도 소설속의 지상낙원이자 가축떼와 다름없다. 민주주의 제도가 갖는 본질적인 특징 중 하나는 다수결 원칙에 기반을 둔다. 때문에 민주주의는 '다수의 압제'라는 명제로 요약된다. 물론 민주주의 자체는 소수의 의견을 존중하고 타협과 설득을 전제로 하지만, 그럼에도 불구하고 민주사회에서는 다수의 압제를 쉽게 목격한다. 정치제도로서 민주주의는 국민주권과 불가분의 관계를 맺고 있다. 주권재민은 대의제 민주주의의 기초이며, 입법부든 행정부든 심지어 사법부의 배심원들까지 선거를 통해 다수의 선택을 받는다. 결국 민주주의 통치와 행정의 기반은 다수의 지배아래 놓인다. 문제는 민주주의 정치 체제에서 다수가 거의 무제한적 권능을 행사한다는 점이다. 물론 다수의 압제를 완화할 수 있는 사법부의 배심원제도, 권리구제 등이 존재하지만 실질적인 안전판 구실에는 한계가 있다.

다수결 제도의 가장 큰 문제는 정당 호부들이 정권을 잡기 위해 수단과 방법을 가리지 않는데 있다. 특히 한 표라도 표심을 끌려고 실현하지도 못할 공약을 남발한다. 후보들은 선거가 치열해질수록 인기영합적인 공약을 내세우는데, 이것은 다수에서 제외된 소수의 권익을 침해하는 결과로 이어진다. 다수표를 얻기 위한 정치인들의 선동과 책략은 결국 우민정치와 포퓰리즘의 함정에 빠진다.

문제는 이러한 사람들이 집단적으로 조직화 되면 화합과 협동이라는 대의명분을 등에 업고 탁월한 소수를 은밀하게 괴롭히거나 갑질로 변질되어 종국에는 모두를 해치는 자해 행위가 된다는 것이다.

집단의 권능이 보다 파괴적인 형태로 나타나는 경우는 응집력이 강하고 성과가 균등하게 분배되는 조직일수록 가능성이 높다. 특히 성취보다 화합을 중시하는 조직일수록 집단을 위한다는 명분으로 소수의 사람들을 무시한다. 집단의 위기와 개인적 비난을 잠재울 수 있는 최고의 무기가 '집단을 위해서'이기 때문이다. 가끔씩 상식적으로 이해할 수 없는 방법들을 동원하면서까지 소수를 괴롭힐 수 있는 것도 조직을 위한다는 대의명분이 있기 때문이다.

여기에 민주주의에 대한 역설적 고민이 있다. 우리 사회는 협동과 화합, 균등과 단합을 중시하는 장점을 지니고 있지만, 이 장점이 양날의 칼이 되어, 평균을 깨는 소수의 탁월한 개인을 은밀한 방법으로 괴롭혀서, 결국 모두가 앞으로 한발 더 나아가지 못하는 딜레마에 빠지게 만든다.

노르웨이의 극작가인 헨릭 입센Henrik Ibsen은 그의 고전『민중의 적』제4막에서 민주주의의 역설을 다음과 같이 강조한다.

"다수자들이 흔히 지지한다는 진리들은 어떤 종류입니까? 그것들은 부패하기 시작한 과거시대의 진리들입니다. 이런 '다수자들의 진리들'은 작년에 절여둔 고기 같은, 고약한 냄새를 풍기며 부패하는 햄 같은 것들입니다. 따라서 그것들은 우리의 공동체들에 만연하는 도덕적 괴혈병을 유발하는 원인들입니다. 우리들 가운데 진리와 자유의 가장 위험한 적은 단결한 다수자들, 그러니까, 저토록 지독하게 단결한 자유주의적 다수자들이다. 저 다수자들이 그들 나름대로는 불행했을지 몰라도 정의로웠을 때는 결코 없었을 것입니다."

소수보다 다수를 중시해온 문화적 전통은 나름의 정의를 발휘했지만,

종국에는 평균을 깨고 소수를 위협하여 이기적 욕망을 채우기 위한 고결한 도덕적 의욕들로 도색해버렸다. 뿐만 아니라 다수의 가진 자들이 주장한 "전체가 다 잘 살면 나머지 사람들도 저절로 잘 살거야"라는 낙수효과는 이미 메마른지 오래됐다. 이런 의미에서 나는 개인주의가 더 보편화되어야 한다고 생각한다.

회사의 미래 전략 방향을 위해 100명의 인원이 투표했다고 가정해보자. 상정된 안건에 대해 투표를 했는데 100명의 인원 중 99명이 찬성하고 1명이 반대하는 경우 어떻게 해야 할까? 대부분은 '다수결 원칙'에 입각해 뒤도 돌아보지 않고 통과를 외쳤을 것이다. 이런 경우 단 한 명의 의견이라도 묵살하거나 침해해서는 안된다. 왜냐하면 단 한명의 반대 목소리가 진리일수도 있고 거짓일수도 있다. 만약 한명의 반대 목소리가 진리를 말하고 있다면, 우리는 진리를 들을 수 있는 기회를 영원히 놓칠 수 있기 때문이다. 만약 그의 말이 거짓으로 판명이 나면 어떨까? 시간낭비이며 허탈하기만 할까? 우리는 99명의 생각이 역시 옳았다는 것을 재확인할 수 있는 기회를 가지게 된다.

미국과 더불어 뉴질랜드도 총기 소지가 가능하다. 하지만 2019년 3월 15일 뉴질랜드 남섬 최대 도시인 크라이스트처치 중심부의 딘스 애비뉴에 있는 린우드Linwood사원에서 백인 우월주의자의 총격으로 49명이 사망하고 48명이 부상당하는 비극이 발생하자, 뉴질랜드 시민들이 총을 자진 반납했다. 총기를 줄여야 총기 사고도 준다는 사회적 합리성을 따른 것이다.

즉 개개인의 반대 목소리가 사회적으로 합리적 결과를 낳는 상호 협조적 행동의 전형이다.

인간의 본성은 모형에 따라 형성되어 그것에 부과된 작업을 정확하게 해내도록 설계된 기계와 같은 존재가 아니라, 자신만의 내면적 힘의 성향에 따라서 모든 방향으로 발달하고 성장하는 나무와 같은 존재다. 개인이 가진 개별성이 발달해 갈수록 자신에게는 더욱 가치 있는 존재가 되고 다른 사람에게도 더욱 가치 있는 존재로 영향을 미치게 된다.

그래서 우리는 되돌아 봐야 한다. 지금 당신은 기계적 존재로서 풍요롭고 즐거운 가상의 도시인 오멜라스에 살고 있는 것은 아닌지? 모두 그곳에서 행복했으나 사실은 모두가 행복하지 않은지……

백설공주와 정치인

스마트폰, 스마트카, 스마트홈, 스마트그리드, 스마트공장. 세상의 모든 것이 스마트화化 되어 가고 있다. 자동차를 예를 들어보자. 과거 자동차는 A에서 B로 이동하는 것이 자동차의 핵심 기능이었다. 하지만 지금의 스마트카는 움직이는 컴퓨터다. 스마트카는 무한대의 고도화된 정보의 허브hub가 되고, 정보를 집적·분석·활용함으로써 모든 생활의 중심이 되는 도구가 되었다.

전화기 역시 핵심 기능인 '통화'에 충실했던 것이 바로 피처폰이다. 하지만 지금의 스마트폰은 전화만을 위한 전화기가 아닌 기능의 다양성을 전제로 한 새로운 도구로 탈바꿈했다. 이러한 변화의 흐름 속에 전 세계는 지금까지 축적된 제조 기술과 우수한 산업 인프라를 바탕으로 스마트한 4차 산업혁명의 혁신을 전략적으로 추진하고 있다.

그러나 아무리 세상이 스마트화 되어도 절대 스마트화되지 않는 것이

하나 있다. 그것은 바로 대한민국 정치다.

다음의 두 가지 이야기로 대한민국 정치의 특징을 이해해보자.

....

#1) 정치인들을 싣고 가던 버스가 도로를 벗어나 농장의 커다란 나무에 부딪혔다. 근처에 사는 늙은 농부는 사고 현장으로 달려가 큰 웅덩이를 파고는 부상당한 정치가들을 모두 묻어버렸다. 며칠 뒤 부서진 버스를 발견한 경찰이 농부에게 물었다. "타고 있던 정치가들은 모두 어디 있습니까?"

"다 묻어버렸죠."

"생존자가 한 명도 없었단 말입니까?"

"몇몇 사람들은 자기가 죽지 않았다고 말을 했습니다만…"

"그런데도 땅에 묻었단 말입니까?"

"하지만…" 말끝을 흐리던 농부가 억울하다는 듯 항변했다.

"정치인들이 얼마나 거짓말을 잘 하는지는 당신도 잘 알잖아요?"

#2) 하얀 눈을 연상시키는 백설공주를 증오하는 여왕이 있었다. 여왕이 마법의 거울에 "거울아, 거울아, 이 세상에서 누가 제일 이쁘니"라고 물으면 거울은 "여왕님"이라고 대답한다. 그러던 어느 날, 마법의 거울이 "여왕님도 아름다우시지만, 백설공주가 더 아름다우십니다."라고

하자 여왕은 백설공주를 죽이기로 결심한다.

....

일반적으로 신뢰는 일방의 선언이나 계약으로 형성되는 것이 아니다. 상호 간의 자발적 감정 유발에 의해 형성되는 교감이다. 이러한 특성 때문에 신뢰는 개인의 노력만으로 형성되기 어려우며 한번 손상되면 회복할 방법을 찾기 어렵다. 위 이야기는 대한민국 국민들이 정치인들에 대한 불신과 이기심이 얼마나 깊은지를 반증하고 있다. 또한 세상에서 가장 아름다워지고 싶은 욕망이 불러온 비극의 한 장면이기도 하다.

백성공주 이야기속의 여왕님은 대한민국 정치인을 연상케한다. 남을 헐뜯고 자신을 부각시키는 최고의 역량을 가지고 있다. 그들은 이렇게 역설한다. "정치에는 2등이 없고 1등만 존재한다. 그리고 국민은 1등만 기억한다."라고. 그런 그들이 국민을 대표한다. 자신의 기득권은 유지하면서 기업과 국민에게 양보를 호소한다.

대한민국 정치의 가장 핵심적인 문제점은 바로 정치인들의 기본적인 소양과 태도다. 소위 한국의 엘리트들이 모여 정치인이 되는데, 정치에 대한 소명도 적을뿐더러 전문가적인 능력 또한 너무나도 떨어진다. 국민을 위한 정치보다는 자신만이 이기는 정치, 소유하는 정치를 즐긴다. 그 옛날 자공이 공자에게 "식량과 군대와 백성의 믿음 가운데 어쩔 수 없이 한 가지를 포기한다면 그게 무엇입니까?"라고 묻자 공자는 "첫째는 군대이다. 한 가지 더 포기해야 한다면 그것은 식량이다. 그러나 백성의 믿음을 얻지 못하면 나라가 서지 못한다"고 대답했다. 한국 정치인에게는 오로지 식량과 군대밖에 없다.

정치 방면에 성숙한 유럽 국가들은 어리고 젊은 세대들부터 정치 활동에 자유롭게 참여할 수 있으며, 사회 인재들을 정치적으로 교육 및 성장시키는 데에 주력한다. 『군주론』의 저자 마키아벨리는 29세에 피렌체 공화국의 중책을 맡았고, 30대에는 외교와 국방을 담당하는 최고 행정관의 비서가 되었다. 그리스의 알렉시스 치프라스Alexis Tsipras는 34세에 시리자당의 대표가 되었고, 5년 후 그리스 총리를 역임했다. 반면 우리나라 정치인들은 대부분 중년의 나이까지 사업, 교육, 검찰 등 다른 분야에서 경력을 쌓다가 뒤늦게 정치로 입문하는 경우가 태반이다. 정치에 대한 이해와 전문성이 떨어지는 것은 물론이고, 책임감과 사명감 또한 낮아 더 나은 사회를 위한 토론과 조언, 소통보단 자신과 소속 정당의 이익을 위해 삿대질이나 비방을 일삼는다. 한국 사회의 엘리트들이라고 모인 사람들인데, 엘리트로서 보여줘야 할 배려심과 고상한 태도는커녕 어린아이들 싸움보다도 못한 공방전을 보여준다. 진정으로 똘레랑스가 없는 정치 환경인 것이다.

두 번째, 대한민국 정치인의 특징은 돌아서면 잊어버리는 기억상실증을 가지고 있다. 하지만 상대의 약점은 죽어서도 기억한다. 자신의 잘못에 대한 유통기한은 1년을 넘기지 못한다. 이렇든 한국 정치인은 역사적 과도기마다 잘못을 범한 범법자들이 눈물로 호소하면 용서해 주는 정치를 해왔다. 정치 범법자들은 시간이 지나면 고개를 들고 대한민국 곳곳에서 숨은 실세로 재등장했다. '국민이 불러서 왔다'라는 삼류 드라마를 써가면서 말이다.

자신의 잘못에 대해서는 무한정 관대하면서 다른 사람의 약점은 유치원 때부터 부조리한 모든 것을 들고 파헤친다. 심지어 처가 집안까지 문제 삼으며 죄인 취급한다. 이러한 현상을 두고 미국의 어느 심리학자는 '정치인은 스파이트Spite 행동심리를 가지고 있다'고 연구결과를 내놓았다. 남이 잘되는 것은 도저히 볼 수 없으니 같이 죽자는 셈법이 스파이트 행동심리다. 흔히 얘기하는 '내가하면 로멘스고 남이 하면 불륜'인 셈이다.

세 번째, 한국 정치는 '한국인이 좋아하는 정치인' 또는 '한국인이 좋아하는 인물' 같은 조사를 하지 않는다. 프랑스는 18년째가 되는 2016년 8월 16일에도 프랑스인이 좋아하는 10대 인물을 조사해서 발표했다. 10위권에 들어 온 인물들은 대부분 가수나 연예인이다. 하지만 순위권 안에 항상 정치인은 존재한다. 정치인 시몬 베유Simone Veil가 3위를 차지했다. 미국인들은 링컨과 루즈벨트, 케네디를 훌륭한 대통령으로 기억한다. 영국은 처칠을, 프랑스는 드골이 국가를 이끌었다는 사실 역시 자랑한다. 인도는 네루를 기억하고, 터키는 터키 공화국의 초대 대통령인 케말 파샤Mustafa Kemal를 사랑하고 존경한다. 터키인들은 케말을 '터키인의 아버지'라는 의미로 아타튀르크라고 부른다. 가까운 중국만 해도 모두 덩샤오핑을 칭송하고 행복해한다.

그럼 한국인이 가장 선호하는 인물은 누구일까? 2015년 3월 한국갤럽의 조사에 의하면 단지 존경하는 인물에는 세종대왕, 이순신 등이 나왔지만 생존한 정치인은 단 한명도 없다. 결과가 이러하니 선진 나라에서 조사하는 '한국인이 좋아하는 정치인' 또는 '한국인이 좋아하는 인물' 같은 조사를 할 필요를 못 느낀다. 아마도 막장같은 드라마 배우를 뽑는다면 1위에서 10위까지 정치인이 모두 차지하지 않을까.

네 번째, 대한민국 국민들만이 가진 정치에 대한 고유한 개념이 있다. 다음의 그림은 한국의 대표적인 현대미술작가로 손꼽히는 서도호의 작품이다. 작품을 주의깊게 관찰해보고 작품의 의미를 생각해보자.

작가 서도호는 '업'을 4m에 가까운 발과 그 밑에 그림자처럼 깔린 사람들로 표현했다. 전시 작품 중 작가의 신작 『카르마kar ma: 업』와 『낙하산병parat rooper-1』은 충격에 가깝다. 커다란 발밑에 작은 인물들이 군집한 채 뛰어서 발자국을 유지하며 들어 올리고 있는 모습은 공존하는 여러 계층, 그리고 인간의 관계에 대한 고민을 보여주고 마침내 '업'이라는 제목을 다시 생각하게 한다.

이 작품을 한국 사람들에게 감상평을 물어보면 "발밑에 그림자처럼 깔린 사람들을 사회 구성원의 하나로 독재와 독점에 핍박 받는 존재, 권력을 떠받들고 있는 상징성으로 표현하고 있다."고 한다. 초등학교 4학년 학생들에게 물어봐도 대답은 동일하다. 작품을 감상한 당신도 크게 생각의 범주에 벗어나지 않았을 것이다. 그런데 이러한 해석은 애석하게도 대한민국 국민만 그렇게 평가한다.

오른쪽은 베네치아 비엔날레에 출품 되었던 『플로어Floor』라는 작품이다. 사람의 발아래 투명한 유리 '플로어'가 깔려 있고 그 아래는 수많은 사람들이 그것을 떠받들고 있다. 이렇게 수많은 사람들의 지지를 받으며 유리 플로위에 서 있는 사람은 누구일까? 최고의 권력자일까? 아니면 위대한 영웅일까? 아니다. 바로 유명 작가의 전시회를 찾은 당신, 혹은 여자 친구와 손잡고 데이트하러 미술관에 왔다가 이 작품을 보게 된 당신이다. 작가는 수많은 사람들이 떠받들고 있는 플로어를 깔아서 자신의 전시장을 찾은 사람들에게 얼마나 많은 카르마로 이곳에 와서 자신의 작품을 보게 되었는지, 각자의 카르마에 관해서 생각할 힌트를 주고 있는 것이다. 의식하지 못하지만 우리들 자신일 수 있는 이 작은 사람들, 바로 이들이 세상을 존립하게 하고 나를 있게 하는 중요한 사람들인 것이다.

한국 정치인은 대한민국을 압박과 탄압의 대상으로 활용해 왔다. 국민의 다양성을 억누르고 그들이 제시하는 프레임으로 국민의 생각을 소유하고 지배해 왔다. 이제는 한국의 정치인들도 험난한 시대에 생활고로 짓눌린 국민들에게 선물을 주는 정치를 해야 한다. 그러기 위해서는 정치도 기업처럼 경쟁하고, 고객 유치를 위한 치열한 혁신에 진력해야 한다. 권력을 좇아 이합집산하는 캠프정당 체제가 아닌 국민에게 가치와 비전을 제시하고 책임 있는 태도를 보이며 어려움이 있더라도 국민을 위해 헌신해야 한다.

스마트폰, 스마트워치, 스마트공장, 스마트홈, 스마트카는 사전에 없었지만 지금은 지식백과에서 쉽게 찾아 볼 수 있다. 그러나 아직도 스마트정치는 사전에 없다. 정치인이 스마트한 정치를 안하니 사전에 존재할리 만무하다. 그리스 철학자 소크라테스는 자신이 다른 철학자보다 나은 점이 있다면 그것은 "자신이 아무것도 모른다는 것을 잘 알고 있다는 것"이라고 했다. 인간은 자신이 아무것도 모른다는 것을 알게 됐을 때 한없이 겸손해진다. 그러면 외모와 물질을 거부하고 진리를 열렬히 사랑하게 된다. 또 진리를 얻기 위해 부단히 노력하게 된다. 바로 그때 사람은 진정한 스마트한 정치인의 반열에 오르게 된다.

5

사탄의 유혹

'종교'란 무엇일까? 이건 한마디로 정의하기 어려운 엄청난 질문이다. 물론 나는 여기서 사변적이고 이론적인 개념을 묻는 것이 아니다. 종교를 학문적으로 정의하는 것은 어렵기도 하지만 별로 흥미가 없다. 하지만 '종교가 진정 원하는 것', '종교의 진정한 핵심은 무엇인지'에 대한 질문은 피할 수 없을 것 같다.

'화물숭배cargo cult'라는 것이 있다. 이는 19세기 말 영국과 프랑스가 남태평양 멜라네시아, 뉴기니 등 인근 섬나라를 식민지로 지배하기 시작하면서 원주민 사이에 새로 생겨난 일종의 신흥 종교이자 미신의 한 형태를 말한다.

외부와 단절된 섬나라 사람들은 유럽인이 화물선에서 화물을 내려 거기에 여러 가지 물건들을 꺼내 쓰는 것을 보게 되었다. 이 물건들은 때로는 지금껏 접해 본 적 없는, 딱딱한 껍데기를 가진 짭짤한 맛의 벌레의 고기나 끈적끈적하지만 굉장히 달고 고소한 과일 같은 맛과 좋은 음식, 도저히 어떻게 만들었는지 알 수는 없지만 어쨌든 유용한 도구들, 혹은 진기한 옷감과 옷이기도 하다. 근대문명의 산물이라는 것을 알지 못하는 원주민들은 이런 물건들이 당연히 신으로부터 온 것이라고 믿었다. 전통 종교에 의하면 자기들이 상용하는 토란같은 채소라던가 여러 가지 곡식이 모두 신으로부터 온 것이기 때문이다. 이것은 공장에서 만들어 가지고 온 것이라고 말해도 공장을 모르는 원주민들은 유럽인들이 자기네만 쓰려고 거짓말을 하는 것이라고 생각했다. 당연히 원주민들은 우리의 신은 왜 이런 물건을 가져다주지 않는지 의아해했다.

섬나라 사람들은 이 물건들이 유럽인의 신이 아니라 자기 조상신에게서 온 것이라고 확신했다. 섬나라로 내려질 물건들을 유럽인들이 중간에 가로채서 무단 사용하는 것으로 보았다. 그래서 그들은 자기 조상신이 채소나 음식, 담배, 옷이나 기계 같은 것을 배에 싣고 곧 올 것이라고 예언하고, 그러기 전에 유럽인을 몰아내고 지금껏 해오던 전통적 종교 의례를 모두 버려야 할 것으로 믿었다. 이런 믿음에 따라 농사도 짓지 않았고 생계를 위한 모든 행동은 손을 떼었다. 이제 곧 올 조상신이 오면 일하지 않아도 잘 먹고 잘 살 수 있게 해주리라는 믿음이 강했기 때문이다. 그래서 그들은 유럽인처럼 소형 신전도 짓고, 깃대도 세웠다. 성경도 읽는 흉내를 내고, 새로운 의식절차와 규칙을 정립했다.

물론 원주민이 바라는 화물을 실은 조상신은 나타나지 않았다. 그럴 때마다 그들은 새로운 날짜를 정하고 정성과 준비를 철저히 했다. 때로는 유럽인이 타고 온 배가 자기들이 기다리던 배라고 생각하면서 분노를 참을 수 없었다.

2차 세계대전이 일어나고 미군이 들어오면서 이런 화물숭배는 더욱 기승을 부리기 시작했다. 이제는 배가 아닌 비행기나 헬기로 하늘에서 물건을 싣고 내려오니 그 전보다 더욱 놀랄 수밖에 없었다. 그 대표적인 예가 오세아니아 바누아투 탄나 섬에서 숭배되는 가상의 인물 존 프럼이다. 존 프럼은 제2차 세계대전 당시 미군에 복무하던 군인이다. 섬 주민들은 그를 따르면 부와 풍요를 가져다준다고 믿었다. 그가 떠나면서 많은 화물을 싣고 다시 오겠다고 하자 원주민들은 프럼을 신으로 숭배하면서 맨 처음에 보여준 비행기 같은 것을 만들어 놓거나, 활주로 모양도 만들어 놓고, 심지어 주변의 물건들로 관제탑 비슷한 것도 만들어서 신과 교신을 시도하기도 했다. 하지만 프럼은 나타나지 않았다. 원주민들은 지금도 매년 2월 15일이면 그가 돌아올 것이라고 믿고 특별한 종교행사를 행한다. 1999년 『토론토 스타』 기자가 방문해서 어찌 그런 일이 있을 수 있는가를 묻자 섬사람 중 한 명이 말했다. "그리스도인은 예수가 오기를 2,000년이나 기다리고 있는데 우리는 존 프럼을 겨우 60년 기다렸다. 왜 우리를 이상한 사람이라고 하는가?"[34]

우리는 섬나라 사람들의 믿음을 결코 비웃어서는 안된다. 그런 믿음이 그들에게는 희망과 용기, 또는 삶의 원천이 될 수도 있기 때문이다. 하지만

21세기를 살아가는 우리가 가진 믿음이라는 것이 어처구니없게도 화물을 가져다주는 그런 신에 대한 믿음으로 살아가는 것인지에 대한 의심은 품을 필요가 있다.

　원주민이 존 프럼을 신에 대한 믿음으로 살아가듯, 특정 대상을 궁극의 실재로 여기고 거기에 관심을 쏟으며 신주 모시듯, 하느님 섬기듯 떠받들고 사는 '우상 숭배'의 삶은 사실 얼핏 보면 진취적이고 의욕적이며 적극적으로 행복을 추구한다는 현대인의 삶과 다르지 않다. 그 내면 깊이에서 보면 이것은 그야말로 고달프기 그지없는 삶이다. 왜냐하면 종교적 대상인 신을 믿든, 자신을 믿든 상관없이 나의 참 의미가 되는 실재와의 관계에서 발견되는 보다 본질적이고 본래적인 '진실된 자아'가 아니라 뜨이지 않은 눈에 잘못 비친 '나 또는 신'이라고 하는 의식된 자아'에 얽매여 거기에 복종하며 살고 있고 있기 때문이다. '나'라고 하지만 진정한 '나'가 아닌 '나'로 착각된 자의식을 '나'로 오해하고 있을 따름이다.

　이런 경우 나의 삶은 내 마음대로 하는 것이 아니라 나의 말과 행동과 생각이 좁아터진 자의식의 소망인 욕심, 정욕, 갈구, 증오, 위신 세우기 등 자기중심적이고 이기적인 욕망에 의해 강요당하는 삶이다. 진정한 의미의 주체적인 삶이 아니라 타인에 지배되는 얽매인 삶이다. 내가 나의 주인으로, 주관적 실체로서 나를 위해 온갖 일을 함으로써 즐거움과 행복과 자유를 가져다는 주는 것으로 생각했지만 결국 내 정욕의 종이 되어, 목줄에

질질 끌려 다니는 개처럼 그렇게 끌려간다는 어처구니없는 아이러니를 보게 되는 것이다.

중세의 유럽을 '암흑기'라 부른다. 그도 그럴 것이 당시 중세 유럽의 사회는 기독교의 영향 아래 스콜라철학이 발달했고 병원이 설립되어 영아 살해가 금지되었지만, 교리를 앞세워 인간성을 말살하고 사상의 자유를 제한했다. 유럽 대륙이 거대한 제국에서 독립된 왕국으로 분열될 때도 교회의 세력은 절대 흔들리지 않았다. 가혹한 형벌을 집행하는 종교재판, 교구민에게 과세 대상의 10분의 1 비율로 징수하는 십일조 헌납을 강요하며 정신적인 영역뿐만 아니라 세속적인 생활에서도 그 영향력은 강하게 뻗어 나갔다.

15세기 피렌체의 실질적 주인은 메디치 가문의 후원을 받은 레오 10세다. 그는 돈이 가득 담긴 붉은색 주머니를 늘 지니고 다니며 어려움을 호소하는 인문학자들을 경제적으로 후원했다. 38세의 어린 나이에 교황으로 선출되었을 때 그는 동생에게 이렇게 말했다. "천주께서 나를 교황의 자리에 오르게 하셨으니 그 자리를 마음껏 누려야겠다." 아니나 다를까, 그의 정신사고와 헤픈 씀씀이는 교황이 되어서도 전혀 바뀌지 않았고 재임한 지 불과 2년도 안 되어 교황청의 3대 재원을 모조리 탕진해 버렸다. 한순간에 교황청의 재정을 고갈 상태에 이르자 그는 재물을 모으기 위한 방책으로 성 베드로 성당을 수리한다는 명분을 내걸고 면벌부Indulgentia를 발행했다.

선천적으로 사업가의 수완을 타고난 레오 10세는 이 면벌부를 대대적으로 판매하기 시작했다. 면벌부는 시장에서 거래되는 일반상품과는 달리 판매자가 성직자이고 구매자가 신도라는 점이다. 성직자들은 "면벌부는 신이 내린 고유한 선물이며, 신이 주신 가장 귀중한 선물이다.", "면벌부만 있으면 아무리 큰 죄도 사죄해준다.", "당신이 거액의 금액을 내기만 하면 모든 죄가 사면되고 심지어 죽은 사람에게도 효력이 미친다."라고 홍보했다. 이런 방식으로 교황청은 면벌부를 대량으로 발행해서 각 교구에 면벌부 판매 대행권을 팔았다. 해당 교구는 교황에게 거액의 돈을 바쳐 이 면벌부의 판매 대행권을 얻기만 하면 면벌부의 판매도 벌어들인 돈을 고스란히 차지할 수 있다. 심지어 면벌부 외에 교회는 성직도 매매해 누구나 돈만 있으면 교회의 어느 자리에든 오를 수 있었다. 소위 돈만 있으면 다 해결되는 세상이었다.

　상황이 이러하니 면벌부에 관련된 황당한 얘기도 전해진다. 면벌부에 불만이 많은 작센의 한 귀족이 수도사에게 자신이 어떤 사람을 해코지 할 계획인데 사전에 면벌부를 살 수 있느냐고 물었다. 욕심 많은 수도사는 그 말을 곧이곧대로 믿고 그에게 원래보다 세배나 높은 가격으로 면벌부 한 장을 팔았다. 면벌부를 받아든 이 귀족은 수도사를 흠씬 두들겨 패주고는 돈이 가득 담긴 헌금함을 빼앗아 달아났다. 잔뜩 화가 난 수도사가 법원에 고소했으나 귀족은 면벌부를 제시하고 무죄를 선고받았다.

　이들의 주장은 사탄의 유혹과 다를 바가 없다. 이는 2018년 경제파탄

난 베네수엘라 정부가 나라 전체를 무법천지로 만든 것과 다르지 않다. 어떤 못된 짓을 해도 돈만 있으면 그 죄가 없어지고, 악마마저 돈만 있으면 천국으로 오를 수 있다. 이 지경에 다다르자 악인들은 극악무도한 행동을 서슴치 않았고 정직한 신도들은 기도만이 유일한 안식이었다. 현재를 살아가는 어떤 이는 '신학을 버리면 되지 않나?'라고 생각하지만 당시에는 삶의 쾌락이나 지옥에 대한 공포 모두에 종교가 완전히 스며들어 있었다. 종교는 일상이었고 사회와 신앙심을 분리하는 것은 인간 존재 자체를 의심받는 시대였다.

면벌부 자체가 죄악을 조장하는 도구가 되자 사람들의 분노는 활화산처럼 끓어올랐고 이 분노의 용암은 독일 신부인 마르틴 루터Martin Luther의 등장으로 마침내 분출구를 찾았다. 교회의 부패가 심해지자 1517년 10월 31일 루터는 『95개조의 논제』라는 제목으로 돈을 받고 죄를 면해주는 면벌부 판매 등 교회의 부당한 처사를 비판하는 문서를 전격 게시했다. 이러한 행동은 교회의 권위에 대한 도전이었다. 루터의 항거는 당연히 폭풍 같은 반향을 불러일으킬 수밖에 없었으며, 즉각 기득권 세력의 반발이 거세게 몰아치기 시작했다. 애당초 학자들 간의 토론을 위해 내걸었던 95개 논제는 대량으로 인쇄되어 천둥이 사방에서 동시에 울려 퍼지듯이 삽시간에 독일 전역은 물론 전 유럽을 강타했다. 95개 논제 발표 후 약 5개월이 지난 1518년 4월, 로마 가톨릭 교회는 루터를 견제하기 위해 그에게 하이델베르크에서 열리는 아우구스티누스 수도회 모임에서 그의 주장을 소개하도록 요구했다. 그 결과 루터의 주장은 오히려 수도원 담을 훌쩍 넘어 온 세상에 전해졌으며, 면죄부 판매 논쟁은 한층 더 고조되었고, 수많은 루터의 추종자가 생겼다.

아래 그림은 베르네 튑케가 그린 농민전쟁의 한 장면인 바트 프랑켄하우젠에서의 전투를 묘사했다. 5월 중순 이 전투에서 6,000명의 농부가 살육당했다. 불구가 된 사람, 이산가족이 된 사람 등 이들의 가족이 얼마나 되는지 셀 수도 없을 정도다. 당시 루터의 세력에 항거에 반대한 군인들은 저

● 베르네 튑케, 바트 프랑켄하우젠 전투. 루터 반대자이자 튀링겐 농부들의 지도자였던 토마스 뮌처는 그림 한 가운데에 품위 있게 그러나 체념한 채 서 있다. 왼쪽으로는 죽음의 백파이프를 연주하고, 북 치는 사람들이 뮌처를 위해 복을 치며, 죽음의 춤을 지휘한다. 오른쪽 앞과 그림 배경에는 치열한 전투가 벌어지고 있다.

항 세력을 죽임으로써 돈벌이 사업을 하고 있었다.

칼로 처형했을 경우는 1명당 1굴덴, 손가락을 자르거나 눈을 도려냈을 경우는 1명당 반 굴덴이 약속되었다. 전체를 합하면 다음과 같다.*

80명 참수, 이들 중 69명의 눈을 도려냈고 손가락 자름 : 114은화

이미 수령한 금약 : 12은화

잔금 : 102은화

여기에 두 달 치 봉급, 매달8은화 : 16은화

총액 : 118은화

종교가 진정 원하는 것은 무엇일까? 종교의 진정한 핵심은 무엇일까? 기독교를 비롯한 모든 종교는 세상에 산다. 따라서 기독교도역시 세상의 규칙을 따라야 한다. 세상의 규칙도 종교적 규칙과 마찬가지로 하나님으로부터 나온 것으로 근본적으로 선하며, 세상이 혼돈에 빠지는 것을 막아준다. 따라서 기독교도는 하나님이 주셨고 그 때문에 선한 이 세상의 규칙에 절대 반항하면 안된다. 하지만 이러한 규칙은 그들에게 사치였으리. 돈 밑에 사람있고 돈 위에 교황있다'는 세속적 욕망이 진실이었다.

13세기 초 교황 인노켄티우스 3세가 이단을 색출하고 교회에 정찰과 심

---

* 변경 방백(백작과 대공 사이의 귀족 칭호) 카지미어 폰 브란덴부르트(Casimir von Brandenburg)의 위임을 받아 농민들 사이에서 맹위를 떨친 마이스터 아우구스틴(Meister Augustin)의 사형 집행 계산서에서.

판 기구를 목적으로 세운 종교재판소는 우리를 더욱 놀라게 한다. 종교재판소는 그 이름만으로도 사람들을 두려움에 떨게 했다. 그중 가장 악랄하고 잔인한 곳이 스페인의 종교재판소다. 1478년 스페인 카스티야의 이사벨 여왕이 천주교의 정통성을 유지하고 보호하기 위한 목적으로 설립한 종교재판소는 1483년부터 1820년까지 모두 38만 명이 이단으로 판결받았고, 이 중 10만 명이 화형장서 목숨을 잃었다.

1562년부터 1593년까지 프랑스에서 30년 전쟁이 발생한 것도 신교도와 천주교도 사이의 증오에서 비롯된 종교 때문이다. 1618년부터 1648년까지 신성 로마제국 등 가톨릭 세력과 보헤미아 등 반 가톨릭 연합간 일어난 30년 전쟁도 종교로 인한 것이다. 30년 전쟁은 1648년, 베스트팔렌 조약을 맺으며 신교의 승리로 끝났지만 나라 전체가 황폐해졌고, 800만여 명은 다치거나 목숨을 잃었다. '새삼 종교란 무엇인가' 궁극 실재에 대한 의심이 든다.

여기서 나는 이런 전제가 세워진다. '종교적일수록 더욱 이기적이다.' 2018년 11월 16일, 저명한 생물학 학술지인 셀Cell지의 자매지인 커런트 바이올로지Current Biology에 종교와 이타심의 상관관계를 담은 흥미로운 연구 결과가 실렸다. 시카고대의 장 데서티Jean Decety가 이끄는 연구팀이 수행한 이 연구[35]는 캐나다, 중국, 요르단, 터키, 미국, 남아프리카공화국의 6개국에 거주하는 5~12세 사이의 어린이 1,170명을 대상으로 이뤄졌다.

분석 대상 어린이의 24퍼센트는 기독교, 43퍼센트는 이슬람교의 가정환경에서 자랐고, 27.6퍼센트는 특정 종교가 없는 집에서 자란 아이들로 분류됐다. 연구팀은 우선 이타심 정도를 측정하고자 각각의 어린이들에게는 한 명당 10개씩 아이들이 좋아하는 스티커를 갖게 한 뒤 낯선 주변의 어린이들에게 나눠주도록 했다. 또 도덕성 측정을 위해 한 어린이가 다른 사람과 우연히 또는 의도적으로 부딪히는 장면을 담은 애니메이션 동영상을 보도록 한 뒤 이들의 행동을 평가하도록 했다. 그러자 종교가 없는 집에서 자란 어린이들은 평균 4.1개의 스티커를 낯선 다른 어린이에게 나눠줬다. 반면에 종교적 환경에서 자란 어린이들의 타인에게 나눠준 스티커는 3.3개에 그쳤다. 종교별로는 이슬람교 가정의 아이들은 3.2개, 기독교 가정 아이들은 3.3개로 의미있는 차이가 없었다.

아울러 타인의 행동을 평가하는 도덕심 측정에서 종교가 있는 집의 아이들은 서로 부딪히는 행위에 대해 '잘못됐다'며 처벌해야 한다는 생각을 많이 하는 것으로 나타났다. 종교와 이타심, 그리고 도덕성 간의 이러한 역관계는 어린이의 나이가 많을수록 정도가 심했다. 즉 종교적 환경에서 자란 기간이 오래될수록 부정적 영향의 정도가 강했다는 의미다.

종교 생활에서 '십계', '오계' 하는 등의 율법과 계율을 지키는 것은 매우 중요하다. 그러나 자칫 오용하면 율법이나 계율은 종교를 더 할 수 없이 폭력적이고 이기적인 집단의 형태로 만드는 도깨비방망이가 될 수도 있다. 종교를 믿는 아이들이 이타심이 낮고 처벌의 강도가 높은 것도 이런 역효과를 반증한다. 율법이나 계율이 너무 명확하면 자비와 배려라는 공간이 설 자리가 없다. 문제는 그 기준을 누가, 어떤 명분으로, 누구를 위해서, 어떤 의도로 만드는 가이다. 교황 레오 10세처럼 사람 위에 돈 있고 돈 위에 교황이 군림하는 것처럼 욕망을 채우기 위한 수단으로 전락해서는 안된다. 오죽하면 루터는 교황 레오 10세를 '피를 퍼마시는 자'라고 묘사했을까.

나는 초등학교 4학년이 되었을 때 처음으로 메이커 신발을 갖게 되었다. 몇 달을 아끼고 아껴 일요일 예배에 처음 신고 갔다. 예배를 마치고 나온 뒤 나의 메이커 신발은 사라졌고 슬리퍼를 신고 귀가해야 했다. 부모님께 사실을 말씀 드릴수도 없었고 다음날 소풍갈 때 고무신을 신고 가야했다. 아직도 그 기억이 생생하다. '어떻게 믿음과 선을 행하는 사람들이 도둑질을 할 수 있을까'라는 의문을 30년이 지난 지금도 되뇌고 있다.

종교의 참된 목적은 윤리적 결단에 의해 나의 탐욕을 없애는 일, 그의 뜻을 받드는 일, 나를 죽이는 일, 곧 경건함에 이르기를 연습하는 것이다. 악을 피하고 선을 행함으로써 마음을 정결케 하라는 권고를 따르는 것이다.[36] 하지만 아직도 현실은 개인의 이익과 번영을 위한 수단으로서의 종교, 권력에 기생하거나 스스로 권력화한 종교, 양적·물질적 욕망을 채우는 종교가 개인과 집단 간의 갈등을 부추기고 있다. 중세 유럽의 암흑기처럼, "현금함에 동전이 떨어지며 땡그랑 하는 소리가 날 때 지옥에 갇혀 있던 영혼이 천국으로 올라가게 된다."라고 설교한 면벌부 설교자 요하네스 테첼의 논제처럼 말이다.

명작,
상황이 남긴 명예 훈장

사람들의 서약은 빵껍질이다.

- 셰익스피어 -

노메달보다 목메달

언제나 그렇듯 인간의 밤은 낮보다 더 뜨겁고 더 아찔하고 더 열정적이고 더 아름답기도 하지만 더 허무하다. 성性 덕분이다. 인간의 기본적 욕구를 충족시키는 성은 인생의 중핵이자 태풍의 눈이다. 대체로 성의 욕구는 숨겨져 있어 아무런 영향력을 행사하지 않을 것 같지만 성에 의해 둘러싸여 인생이 전개되고 세상이 돌아간다.

2018년 사회 각계각층에서 쏟아져 나오는 증언들과 유명인들의 민낯을 낱낱이 드러내는 폭로 속에 미투운동이 확산되면서 한 시사주간지에서 '대한민국은 불륜 공화국'이라는 특집기사를 실었다. 사실 우리는 이미 알고 있지 않았을까? 영화나 드라마, 인터넷에 관련된 담론이 넘쳐흐르고 섹슈얼리티를 통해 욕망을 마케팅하는 물질만능주의 시대의 자본주의 사회에서 섹스 없는 불륜의 존재는 이미 불가능한 사실을……. 결국 개인의 정체성은 자신의 자유적 의지에 의해 형성되기 보다는 자신이 속한 사회를 장악하고 있는 담론에 의한 영향이 매우 크다고 해석할 수 있다. 왜냐하면 사람들은 다음의 네 가지 중 하나에 속하니깐.

① 불륜을 하고 있거나
② 불륜을 꿈꾸거나
③ 불륜에 빠진 사람들을 알거나
④ 불륜을 못 봐주겠거나(인정못함)

불륜, 물론 의심의 여지없이 반윤리적이며 비도덕적이다. 하지만 언제랄 것도 없이 인류, 아니 인간을 만든 신들조차도 불륜이라는 일탈적 행위가 공공의 담론으로 포섭되어왔다.

오른쪽 작품은 16세기 베네치아의 대가 틴토레토가 그린 '비너스와 마르스를 불시에 덮치는 불카누스'라는 제목의 그림이다. 이 작품은 미의 여신 비너스와 전쟁의 신 마르스가 불륜을 저지르다 된통 망신을 당한 이야기를 소재로 다룬 작품이다. 비너스는 결혼을 했음에도 미의 여신답게 정부를 여럿 두었다. 그 대표적인 인물이 바로 마르스다. 영웅호색이라는 말이 있지만 미인도 역시 그에 못지않게 능력있는 남자를 좋아하는 법인가. 비너스는 남편 불카누스와 함께 자던 침대로 마르스를 불러들이곤 했다. 문제는 세상의 구석구석을 비추는 태양의 신 헬리오스가 이 비리를 목격하고 말았다. 헬리오스는 불카누스에게 자신이 보았던 그대로 전해주었고

● 야코포 틴토레토(Jacopo Tintoretto), 〈비너스와 마르스를 불시에 덮치는 불카누스〉, 1555년, 캔버스에 유채, 뮌헨 알테 피나코텍

불카누스는 분노로 들끓었다.

신화에 따르면 타고난 대장장이인 그는 거미줄처럼 가볍고 보이지 않지만 결코 끊어지지 않는 그물을 만들어 침소에 설치해 놓았다. 그런 사실도 모르고 밀애를 즐기려던 두 남녀는 꼼짝없이 그물에 낚여 온 세상의 신들의 조롱거리가 되었다.

이 이야기를 토대로 틴토레토는 간통 사실을 발견한 불카누스가 현장을 급습하는 장면을 그렸다. 남편인 불카누스가 들이닥치자, 당황한 마르스는 탁자 밑으로 숨어 들어간다. 머리에 투구를 쓴 그가 군신 마르스다.

바닥에 납작 엎드려 개와 눈이 마주치자 혹시라도 개가 짖는 바람에 숨어 있는 곳이 들통 나 불카누스에게 봉변을 당할까 봐 전전긍긍하고 있는 마르스의 모습을 볼 수 있다. 군신이라는 타이틀에 전혀 걸맞지 않는 장면이다. 그런 마르스를 보고 짖는 강아지의 모습이 매우 역설적이다.

밀애 현장을 덮친 불카누스는 흥분한 상태로 비너스의 앞가림 천을 들추며 마르스를 찾고 있다. 시치미를 떼고 누워 있는 비너스는 이불을 번쩍 들어 보이며 "자, 보세요. 아무것도 없죠."라고 말한다. 그러나 남편 불카누스는 의심을 거두지 않고 불륜의 무대가 된 침대에서 마르스의 머리카락 한 올이라도 찾아낼 요량으로 계속 뒤져보고 있다.

비너스의 은밀한 곳까지 뒤져보는 불카누스의 캐릭터가 아침 드라마에 자주 등장하는 의심과 복수로 뭉친 남편의 캐릭터와 많이 닮아 보인다. 갑자기 들이닥친 남편과 시치미를 떼고 누워 있는 아내, 침대 밑에 숨은 정부는 그야말로 스릴만점의 시청률 최고조 장면이다. 그들 뒤로 누워 있는 큐피트는 세상의 이치를 모두 아는 냥 호기심의 눈으로 바라보고 있다.

사랑의 여신인 아프로디테 또한 남편 헤파이스토스를 속이고 불륜을 저질렀다. 아프로디테는 애인에게서 마음의 위로를 받았지만 남편 헤파이스토스가 다른 신들을 불러 모아 연인에게 복수를 하고 만다. 이렇듯 신들조차도 뛰어넘을 수 없는 것이 불륜인데 지상의 인간이야 어떻겠는가? 베를린 홈볼트 대학 교육학과의 레나테 발틴R.Valtin 교수의 보고서에 따르면,

독일에 거주하는 여성 가운데 1만5,000명 이상이 유부남을 애인으로 두고 있다고 한다.

이러한 세태는 다음의 우스갯소리로 확장된다. 유부녀에게 연하의 애인이 있다면 그것은 금메달감이고 또래의 애인이 있다면 은메달, 연상의 애인으로 만족해야 한다면 동메달이며, 그마저도 없다면 '목메달(목을 맬 정도로 가치가 없는)'이라고 한다. 메달이야기는 단순하게 세태를 반영하는 것이 아니라 보다 중층적인 현실의 파열음을 보여준다.[37]

하지만 현실에 와서 불륜은 도덕적이고 윤리적인 단죄가 아니라 은근한 선망의 대상, 공감의 대상이 되고 있다. 2007년 방영한 드라마『내 남자의 여자』는 불륜을 정면으로 다뤘지만 주부들 사이에서 참으로 기이한 반응을 불러일으켰다.

24부작으로 제작된 이 드라마는 벌써 제목부터 야하다. 이 드라마는 특히 40~50대 주부 시청자들의 뜨거운 반응을 얻으면서, 동시간대 시청률 1위를 차지했고, 최고시청률은 36.8퍼센트에 달했다. 인터넷 게시판에는 "편수를 늘려달라"는 주부들의 댓글이 빗발쳤고, 당시 주부들이 모인 자리에서 이 드라마를 모르면 말이 안통할 정도였다.

드라마 내용은 간단하다. 남편과 사별한 화영(김희애)이라는 중년여성이 고등학교 시절부터 자신과 가장 절친하게 지내온 단짝 지수(배종옥)의 남편을 가로챈다는 것이다. 그런데 재미있는 것은 이런 뻔한 소재를 담은 이 드라마가 주부들로부터 '불륜을 신선하게 다뤘다'는 참으로 기이한 반응이 나타났다. 아니 도덕적이고 윤리적인 단죄의 대상인 불륜을 신선하게 다뤘다니…….

이 드라마가 성공할 수 있었던 이유는 피해자의 도덕적이고 윤리적 기준이 아닌 불륜을 저지른 피의자의 입장에서 생각을 했다는 것이다. 이전까지 불륜을 다룬 드라마들은 십중팔구 불륜을 저지른 여성을 가해자이자 악녀로 규정했다. 불륜 여성은 자신이 유혹한 남자의 부인과 가족으로부터 맹렬한 지탄을 받고 때론 머리꼬덩이를 잡고 두르려 맞으면서도 한마디도 할 수 없었다. 하지만 이 드라마는 불륜 당사자의 입장에서 그것이 사랑일 수도 있다는 파격적인 시선을 던진다. 자신의 남편을 빼앗은 화영은 지수에게 "너무 뜨거웠어. 지구가 깨져도 상관없었어. 죽어도 좋았어. 너 따윈 아무 상관 없었어. 네 남편을 갖고 싶었다"고 힘주어 말한다.

어떠한가? 화영이라는 인물이 눈 뜨고 못 봐줄 여자라는 생각이 드는가? 그런데 참 이상한 것은 이런 화영에게 주부 시청자들이 아주 상반된 두 개의 반응을 동시에 보내고 있다는 점이다. 욕하면서도 동시에 동경한다는 것이다. 주부들의 반응은 가히 폭발적이어서 탤런트 김희애가 화영이 역으로 나오면서 입고 나온 고가의 속옷과 선글라스는 바로 다음 날이면 백화점 매장에서 날개 돋친 듯 팔려나갔다. 주부들은 불륜 여성을 도덕적으로 비난하면서도 "이건 불륜이 아니고 엄연한 사랑이다"라고 주장하는 그 여성의 가식없는 모습에 연민의 정을 보내면서 공감하는 것이다.

1996년 방영한 월화 미니시리즈 『애인』에서도 비슷한 결과가 나타났다.

182

가정을 가진 30대 남녀의 만남과 헤어짐을 그린 작품으로 '아름다운 불륜'이라는 말을 유행시킬 만큼 당시 사회에 불륜 신드롬을 불러일으켰다. 하지만 불륜을 미화했고 혼인의 신성함과 건전한 가족의 가치를 존중하지 않았다는 등의 이유 때문에 방송위원회로부터 '경고'를 받아야 했다. 그런데 당시 드라마 속에서 황신혜가 착용하고 나온 구찌 핸드백, 펜던트 모양의 목걸이는 큰 인기를 끌었고, 유동근이 황신혜에게 선물한 머리핀은 '황신혜 머리핀'으로 불리며 불타나게 팔렸다.

2018년 영국 BBC가 '주요 국가 관용지수'를 조사한 결과 27개국 중 한국은 26위(20%)를 차지했다. 27개국 전체 평균 46퍼센트에 한참 못 미치는 점수다. "당신은 사회적 배경, 문화, 사고방식 등이 다른 사람을 얼마나 관용할 수 있다고 생각하나?"라는 질문에 가장 낮은 관용지수를 보인 한국 사람들은 왜 불륜에는 높은 관용을 보일까?

불륜은 분열되어 작용된다. 불륜을 직접 수면 위로 들춰서 진지하게 다루는 것은 꺼림직하고 비도덕적이며 무엇보다 이를 받아들일 수 있는 사회 분위기가 아니다. 하지만 영화나 드라마의 65퍼센트는 어떤 형식이든 불륜을 극 전개의 주요 장치로 활용하고 있다. 〈부부의 세계〉, 〈아름다운 유혹〉, 〈두 번째 프러포즈〉, 〈부모님 전상서〉, 〈티브이소설 그대는 별〉, 〈오! 필승 봉순영〉, 〈단팥빵〉, 〈영웅시대〉, 〈12월의 열대야〉, 〈선택〉, 〈아내의 반란〉, 〈자유부인〉, 〈정사〉, 〈해피엔드〉 등 수많은 영화와 드라마가 불륜을 핵심 소재로 다뤘다.

유교문화와 가부장제의 엄숙함이 불륜의 도덕성을 강조했다면 불륜을 다루는 영상 콘텐츠는 감춰진 자아, 은폐된 현실을 폭로하는 기능을 한다. 무엇보다 현실은 불륜에 대한 도덕적이고 윤리적인 단죄보다는 갈등 속의 현실, 나아가 은근한 선망이 된다. 무엇보다 분명한 것은 지금의 현실을 살아가는 많은 사람들이 이러한 인간의 이중적 성격을 둘러싼 모순을 경험하고 있다는 것이다.

세계적인 호텔 체인 '힐튼'가의 상속녀 패리스 힐튼Paris Whitney Hilton을 둘러싼 기이한 현상도 인간의 이중적 모순과 동일하다. 가수에서 영화배우, 모델까지 못하는 하는 게 없는 패리스 힐튼은 "전 한 번 입은 옷은 다시 안 입어요." "친구들 주거나 그냥 버려요."하고 거침없이 말함으로써 여성들의 원성을 사기로 유명하다. 그녀는 이런 저런 남자들과 스캔들을 일으키고 급기야는 섹스 비디오까지 유출되면서, 특히 미국 여성들에게 "돈은 많지만 아무 생각없이 사는 여자"라는 비난을 한 몸에 받아왔다.

하지만 최근 그녀의 이름을 내건 향수가 출시되었을 때, 미국 여성들이 보인 반응은 달랐다. 향수는 불티나듯 팔려나갔다. '요지경 세상이라구!'라고 생각하는가? 아니다. 우아하고 도덕적으로 살면서 때론 일탈하고 때론 야해지고 싶은 것이 인간의 심리다. 우리 안에는 정반대의 가치를 추구하는 체계들이 있지만 우리 자신이 모순됐다는 걸 인지하지 못한 채 상황에 따라 행동한다. 우리는 평소엔 일탈의 행동에 대해 공포와 거부감을 갖더라도 금요일 밤이 찾아오고 금기가 무너지는 순간이면 공포와 불쾌는 흥분과 쾌락이 되어 버리고, 금기를 피하기는커녕 그 일탈을 과감히 탐닉한다. 용납할 수 없던 것들이 우리를 장악하는 것이다.[38]

한 선승禪僧이 이제 곧 사자밥이 될 상황에 처한다. 끔찍한 죽음을 앞둔 순간 문득 눈을 들어보니 가까운 곳에 활짝 핀 꽃 한송이가 보인다. 그는 그 아름다움에 경탄한다. 분명 인간은 분열된 존재다. 나는 그것을 하고 싶지 않다. 그럼에도 불구하고 난 이미 그것을 하고 있다.

2

현대판 나치즘

'항산항심恒産恒心'

『맹자』양혜왕 장구에서 나온 말이다. 일정한 생산이 있으면 마음이 변하지 않는다는 뜻으로 역설적으로 해석하자면 '먹을 것이 있어야 도덕과 윤리가 나온다'는 말이다. 당장 굶어 죽게 생겼는데, 인仁과 예禮를 찾을 정신이 어디 있겠는가. 그런데 이 말이 현실에서는 사회적 진리로 작용하여 도덕은 땅에 떨어졌고, 윤리는 발에 채이고 있다.

2015년 국내에서 최다 판매 수입차는 어떤 브랜드일까? 바로 독일의 자동차 회사인 폴크스바겐의 티구안 2.0 TDI 블루모션이다. 티구안은 BMW, 메르세데스-벤츠를 꺾고 총 9,467대를 판매했다. 배출가스 저감장치 조작 논란에도 불구하고 판매된 수치다. 전 세계 시장에서 고전하는 폴크스바겐이 유독 국내에서는 오히려 승승장구하고 있다. 폴크스바겐에 대해 커지고 있는 소비자의 반감을 할인 행사로 잠재우면서 수입차를 사려는 고객을 대거 끌어들인 것이다. 그런 논란에도 불구하고 2016년 상반기에도 가장 많이 팔린 수입차는 폴크스바겐 티구안이었다. 미국이나 일본, 브라질, 러시아에서는 폴크스바겐에 대한 불신으로 판매가 곤두박질치는 것과는 대조되는 모습이다.

물론 국내에서도 배기가스 조작 사태가 한창이던 2015년 10월 판매량이 전월 대비 70퍼센트 가까이 추락하긴 했었다. 판매 대수가 급감하자 다급해진 폴크스바겐 코리아는 전 차종을 대상으로 특별 무이자 할부 카드를 꺼내 들었다. 현금 구매 고객에게도 같은 혜택이 제공돼 최대 1,772만원의 현금 할인이 가능했다. 이 때문에 국산 중형차를 살 돈으로 할부, 할인 등을 받으면 폴크스바겐 차량을 살 수 있었고, 한 달 만에 판매량은 4배 이상 늘었다.

재미를 붙인 폴크스바겐은 그 뒤로도 판매가 부진하다 싶으면 할인행사로 돌파구를 찾았다. 폴크스바겐은 국내에서 월 평균 3,000대 가량 팔고 있어 평년 수준을 회복한 것 뿐 아니라 월간 최고 수준의 실적이라는 반전을 이뤄냈다. 불과 얼마전 전 세계를 떠들썩하게 만든 배기가스 조작 사태 주인공에 대한 거부감이라곤 찾아볼 수 없다.

2018년 독일의 대표적 고급자동차인 BMW차량에서 매일 한 대씩, 총 36대의 화재가 발생하면서 국민적 공분을 일으킨 것도 동일한 현상이다. 국토교통부에 따르면 BMW가 2016년부터 엔진 화재 사고를 인지하고 있었음에도, 우리나라에서 36대가 넘는 차량이 불에 타도록 별다른 조치를 하지 않았다. 청와대 국민청원 게시판에는 '불안해 못 살겠다'며 BMW 차량의 운행을 강제 정지시켜달라는 청원이 잇따라 등장하자 그제야 BMW코리아 회장이 긴급기자회견에서 대국민 사과를 했다. 더 일찍 자발적 리콜 등을 할 수 있는데 시간을 끌며 소비자들을 위험에 방치한 것은 납득이 되지 않는다. 재미있는 점은 2018년 상반기 BMW 판매량이 124만2,507대로 전년 동기대비 1.8퍼센트 증가하면서 역대 최고기록을 갈아치웠고, 한국역시 BMW의 판매량 향상에 적지않은 기여를 했다.

더욱 놀라울 일은 독일 슈투트가르트자이퉁을 비롯한 주요 외신에 따르면 독일의 대표 자동차 기업인 폴크스바겐과 메르세데스-벤츠, BMW, 부품기업 보쉬 등이 자금을 지원해 만든 유럽 운송분야 환경보건연구그룹 EUGT은 2012년부터 2015년 사이 인체를 대상으로 하는 디젤차 배출가스의 유해실험을 실시했다.

EUGT에 따르면 이 실험은 젊고 건강한 남성 19명, 여성 6명 등 총 25명을 대상으로 한 달여간 실시됐다. 독일 서부에 위치한 아헨공과대학에서 실시된 이 실험에 참가한 사람들은 시간당 11달러를 받고 한 달에 한번씩 2시간에 걸쳐 질소산화물을 흡입했다. 독일 자동차 업체들은 디젤가스가 인체에 미치는 영향이 그리 심각하지 않다는 사실을 입증하기 위해 이 같은 인체실험을 진행한 것이다.[39]

동물도 아닌 인간을 대상으로 한 생체실험은 과거 유대인을 대상으로 실시된 나치의 생체실험 만행을 떠올리게 된다. 제2차 세계대전 당시 나치는 아우슈비츠 수용소 등에서 유대인과 집시를 대상으로 생화학 무기의 성능을 실험하고 이들의 시신으로 비누를 만드는 등 비인간적 만행을 자행했다.

그런데 아이러니하게도 폴크스바겐과 BMW, 메르세데스-벤츠의 본사가 전 세계 대표적인 법치 국가로 불리는 독일이라는 것이다. 독일은 민법전이 베스트셀러인 나라다. 2016년 10대 베스트셀러 도서 목록을 보면 민법전이 2위, 노동법전이 6위, 상법이 8위를 차지했다. 독일에서는 법 집행도 엄격하고 공정하다. '지켜도 그만, 안 켜도 그만'인 법이 없다. 생활법규를 잘 알아야 손해를 안 본다. 그래서 국민들이 법전을 가까이 하고 있는 것이다. 법대로만 하면 손해 볼 일도 없고 갑질을 당할 일도 없다.

또한 독일은 신뢰 사회로 불린다. 지하철에는 요금 결제를 위한 회전식 또는 개폐식 개찰구가 없다. 내가 스스로 표를 사고 알아서 검표하는 자가 검표 시스템이다. 나라 전체가 믿고 사는 사회다. 안전 의식도 상상을 초월한다. 서민주택도 벽이 30㎝나 될 정도로 튼튼하게 짓는다. 2010년 독일에서 세월호와 유사한 선박 화재 사건이 발생했지만 탑승객 236명 전원이 구출되었고, 2013년에는 500년 만의 대홍수도 막아냈다. 교통질서 의식 역시 완벽하다. 아무리 복잡한 고속도로에서도 앰뷸런스가 지나가면 모세의 기적처럼 차들이 길을 터준다. 이러한 무형의 자본, 즉 소프트 파워가 독일의 국격을 높인다?

사람들은 대개 윤리와 자기 이익이 충돌할 경우 후자를 택한다. 머릿속에서 윤리의 정당성을 따져보다가도 이내 자기 잇속을 챙기는 것이 항산항심이자 이기적 인간의 자화상이다.

그럼 이런 질문을 던져보자. "착한 기업과 착하지 않은 기업이 있다면 당신은 어느 회사에서 만든 물건을 사겠는가?" 아마 착한 기업 물건일거다. 그렇다면 질문을 바꿔서 "착하지 않은 기업에서 착한 기업보다 더 싸고 좋은 물건을 만든다면 그때는 어떤 선택을 하겠는가?" 이런 선택이 나의 문제가 된다면 고민할 수밖에 없다.

이처럼 자신에게 관대한 잣대를 적용하면서, 정작 비윤리적 행위를 하고 있다는 것을 깨닫지 못하는 상황, 이것을 '블라인드 스폿blind spots'이라고 한다. 자신의 이익을 우선시하기 때문에 미처 보지 못하는 윤리적 사각지대인 것이다. 서서히 진행되는 비윤리적 행위는 알아차리기도 어렵고, 자연스럽게 합리화되어 가는 경향을 보인다.

문제는 이런 블라인드 스폿이 개인의 문제로 끝나지 않는다는 데 있다. 자신에게 이익만 된다면 모든 게 용서되는 곳이 한국이라는 인상이 굳어지면 이미 한국에 들어온 독일을 비롯한 글로벌 기업은 물론 향후 한국에 입성하는 기업들도 '한국 소비자는 원래 그래'하고 비윤리적 마케팅이나 경영을 서슴치 않고 있다.

돈이면 다 해결되는 한국이라는 이미지는 우리 모두를 매우 불행하게 만든다. 그래서일까. 폴크스바겐은 미국 소비자들에게 차량 환불은 물론 총 102억 달러(12조원)에 달하는 추가 배상금을 지불했다. 그러나 한국에서는 불성실한 리콜계획서를 제출해 환경부로부터 3차례나 퇴짜를 맞았다. 국내 소비자를 대상으로 한 금전적인 배상 계획도 내놓지 않았다. 소위 '배째'라는 전략이 한국에서만 먹힌다.

더욱 안타까운 일은 경제적으로 힘 있는 부유층의 잘못은 관대히 눈감아 주고, 그들이 겪는 고난의 시기에는 바람막이와 필요한 자금까지 대주지만 정작 세상의 3분의 2를 차지하는 빈곤층이자 경제적 약자들의 삶을 피폐하게 만드는 문제에 대해서는 거론조차 되지 않는다.

오늘날 우리의 일상은 페이스북, 트위터, 인스타그램, 카카오스토리 등의 SNS와 매우 밀접하다. 타인의 삶을 엿보는 동시에 타인에게 자신의 근황을 알릴 수 있는 도구를 손에 쥔 사람들은 틈만 나면 SNS에 접속한다. 그런데 SNS를 하다보면 '이게 정말 내 본모습인가?' 하고 놀랄 때가 있다. 멋진 나, 착한 나, 정의로운 나, 풍요로운 나, 똑똑한 나… 부끄럽고 감추고 싶은 내 모습은 어디에도 없고, 그럴듯한 모습, 보여주고 싶은 모습의 나로 가득하다. 정도의 차이가 있을 뿐, SNS 이용자라면 누구라도 공감할 것이라 생각한다.

이처럼 치부를 감추고, 좋은 것만 보여주려는 편집된 허세를 두고 '있어 빌리티'라고 한다. '있어 보임'과 능력을 뜻하는 영어 단어 '어빌리티ability'를 결합해 '있어 보이도록 하는 능력'을 말하는 요즘의 표현이다. '있어 보임'은 '있다'와는 전혀 다른 의미다. 실제로는 없지만 마치 있는 것처럼 보인다는 것이기 때문에 있어 보임에는 좋게 말해 환상이 포함되어 있고, 나쁘게 말해 거짓이 있다. 타인의 시선을 의식하며 현실에서의 자기 자신보다 더 있어 보이기를 원하는 현대인들에게 '있어빌리티'는 일종의 화장술이자 포장술인 셈이다.

일본의 경제 규모는 한국의 세 배가 넘는다. 일본의 인구수는 1억2,600만명이 넘는 우리나라 인구의 세 배에 달한다. 국민소득 또한 1만불 이상 차이가 난다. 그렇다면 독일의 대표적 명차로 불리는 메르세데스-벤츠는 어느 나라가 더 많이 살까? 2017년 6월 벤츠는 국내에서 7,783대를 팔았다. 수입차 업계 역사상 한 달 기준 최대 실적으로 전체 수입차 판매량(2만3,755대)의 33퍼센트에 해당되는 수치다. 우리나라보다 경제 규모나 인구 수에서 월등히 앞서는 일본보다 1,283대가 더 팔렸다. 한국의 벤츠 글로벌 시장은 중국과 미국, 독일, 영국에 이어 다섯 번째로 크다. 저성장, 불경기에 허덕이고 있는 한국경제의 악조건 속에서 이러한 판매를 낳은 이유도 '있어빌리티'의 일면이다.

유달리 남의 눈을 의식하는 한국인의 허세는 남다른 측면이 있다. 어떤 이상적인 사회 규범을 정해놓고 그 기준에 벗어나지 않아야 사람대접을 받다보니 한국인은 늘 남과 비교하는 행동 특성이 몸에 밴 것이다. 개인의 희망보다 타인의 평가에 맞춰 대학은 서울로, 직장은 대기업, 결혼은 조건을 따지는 것 등이 그것이다. 친구가 명품백을 들었으니 카드 할부로라도 구입해야 직성이 풀리고, 남들이 외제차를 타니 적어도 폴크스바겐, 벤츠,

BMW 정도는 타줘야 같은 부류에 낄 수 있다는 생각을 갖고 사는 사람이 우리 주변엔 의외로 많다. '나의 본모습'보다는 '남에게 어떻게 보이는가'하는 자신의 이미지에 더 집착하기 때문이다. 이러한 현상이 한국인에게는 유독 강하게 나타난다. 그러니 글로벌 기업들이 유독 한국에만 모르쇠로 일관하는 전략을 쓸 수밖에 없는 거다.

현대 심리학에 '워비곤 호수 효과Wobegon lake effect'라는 말이 있다. 이 효과는 1973년 미국의 한 라디오 진행자인 개리슨 케일러Garrison Keller가 '워비곤 호수 소식'이라는 코너를 진행하면서 "워비곤 호수가 사는 남자들은 모두 잘생겼으며 모든 여자들은 강하고 모든 아이들의 지능은 평균 이상이다."라고 묘사한 것에서 유래되었다. 일반적으로 90퍼센트의 사람들이 자신의 능력은 상위 10퍼센트 이상이라고 인식한다. 그러니 있어보이게 행동하는 것은 당연하다고 생각한다.

있어보이기 위해서는 약간이 거짓이 동반되어야 한다. 그래야 평판이 훼손되지 않기 때문이다. 예를 들어 당신에게 "토마 피케티Thomas Piketty의 〈21세기 자본〉*을 읽어 보셨나요?"라고 했을 때 아마 "그렇다"라고 대답할 것이다. 이 책을 읽지 않았지만 왜 거짓말을 해야 하는 것일까? 바로 여기서 평판이 작용된다. 나는 상위 10퍼센트에 해당되는 사람이고 있어 보여야

---

* 토마 피케티 파리경제대 교수의 저서로, 자본 수익률이 경제성장률보다 높아지면 자본을 소유한 최상위 계층에 부가 집중된다는 것이 주요 골자다. 2008년 금융위기 이후 조명된 불평등 문제를 300년 동안의 역사적 통계를 통해, '1945~1975년 이후 불평등이 심화되고 있으며 이는 21세기도 지속될 것'이라고 전망한다. 또 20여 개국의 경제지표를 분석해 각 국가의 소득분배 불평등을 확인하였다. 이 책은 2014년 아마존에서 베스트셀러 1위에 오르면서 전 세계적인 관심을 받았다.

하는 위치에 있는데 읽지 않았다고 하면 그 그룹에서 벗어나거나 평판이 훼손되기 때문에 거짓말을 자행하는 것이다. 그것도 스스럼없이...

미국에서도 10만 부도 팔리지 않았던 마이클 샌델_{Michael J. Sandel}『정의란 무엇인가』는 한국에서 무려 100만 부가 넘게 팔리는 폭발적인 반응을 초래했다. 한국인이 미국인보다 정의의 인식이 남다르거나 도덕적 수준이 높기 때문일까?

이러한 현상은 소득의 수준이나 사회적 위치와 상관없이 모든 사람들에게 자연스럽게 나타난다. 멕시코에서 복지프로그램 개선을 위해 10만 명을 대상으로 '집에 실제 보유하고 있는 가전제품의 목록들을 체크해보라'고 했더니 지원자의 84퍼센트가 실제 보유하고 있는 목록보다 보유하고 있지 않는 가전제품을 보유하고 있다고 체크했다.

또 다른 호주의 한 연구결과 의사들이 직접 작성한 서류에서 손 씻는 비율은 73퍼센트인 반면, 같은 의사들을 직접 관찰했을 때 실제로 손을 씻는 비율은 9퍼센트에 불과한 것으로 나타났다. 만약 84퍼센트나 9퍼센트에 해당되는 행위가 대중에게 노출되었을 때 주부와 의사는 모든 자원을 동원해 거짓으로 포장한다. 그 행위가 인정되면 자신의 평판은 물론 위비곤 호수 효과와 있어빌리티가 파괴되어버리기 때문이다. 그래서 어떻게든 지켜야 한다.

그런데 이 사실을 당사자는 알고 있다. 다음의 질문에 대해서 당신은 어떻게 생각하는가? 어떤 사과가 5퍼센트는 썩고 나머지 95퍼센트는 아직성하다고 하자. 그러면 당신은 이 사과를 썩은 사과로 보는가 아니면 성한 사과로 보는가? 통상적인 숫자의 기준에 따르면 아직 95퍼센트가 성하므로 성하다고 말할 수도 있다. 그러나 그렇지가 않다. 단 1퍼센트만 썩었다 하더라도 사람들은 그것을 썩은 사과로 보지 결코 성한 사과로 보지 않는다.

이러한 원리는 사람의 판단이나 기업의 영업 행위에도 그대로 적용된다. 만일 어떤 사람이 95퍼센트는 참말을 하고 5퍼센트는 거짓말을 한다면 사람들은 그 사람의 말을 95퍼센트는 믿고 5퍼센트만 안 믿는 것이 아니라 전체를 믿지 않는다. 그 사람은 95퍼센트나 참말을 하므로 정직한 사람으로 보아야함에도 불구하고 사람들은 그를 거짓말쟁이로 봐버린다. 가장 열악한 부분이 전체를 규정해 버리는 것이다.

항산항심恒産恒心, '먹을 것이 있어야 도덕과 윤리가 나온다'는 이 말은 이제 현실과 괴리가 있어 보인다. 원래 먹고 사는 실용경제학은 도덕 철학의 한 분야로 시작되었다. 하지만 항산항심이 인간의 도덕과 인본주의 면을 거추장스럽게 여기고 무시하고 있다. 그 결과 경제성장이나 이윤의 확대만을 강조하는 현재와 같은 이런 편협한 경제시스템과 절대적 이기성을 낳았고, 진짜 추구해야 할 이타적 가치들을 반영하지 못하고 있다. 결국 우리가 사는 현실은 '항산무항심恒産無恒心'이다. 먹을 것이 있어도 도덕과 윤리를 찾아보기 어려운 세상 말이다.

권력의 종말?

우월적 지위를 악용한 이른바 갑질 범죄가 끊이지 않고 있다. 집단 폭행에 이어 최근에는 일본도, 석궁까지 등장하면서 갑질의 도구와 형태도 다양하게 변질되고 있다. 그렇다면 폭력과 술수를 행사하는 당사자만의 야만적 일탈로 봐야하는가? 결론은 그렇지 않다는 거다.

대한민국은 짧은 시간에 정치적 민주화를 이룩했다. 하지만 사회적 저변에는 아직 민주화가 이루어지지 않았다. 정치적으로는 민주적이나 사회적 생활과 우리의 마음속은 아직도 '봉건주의적'이라는 거다. 봉건주의적 개념은 자본주의에 앞서서 존재하였던 영주領主와 농노農奴 사이의 지배와 예속 관계가 기조를 이룬 체제를 말한다. 이러한 체제하에서 영주와 농노는 토지를 매개로 봉건지대를 수취·수납하였다. 『사회유형으로서의 개념』으로 보자면 국왕 또는 황제를 정점으로 계서제階序制를 이루고, 신분제의 견지, 외적 권위의 강조 또는 전통의 고수라는 형태로 개인역량의 발휘와 내면적 권위의 존중 등이 억압된 사회를 말한다.

쉽게 해석하자면 봉건주의적 사고는 '상전의식'이다. 소위 '나는 상전이고 너는 하인이다'라는 위계를 정립하고 그 정립된 위계 속에 상전은 존재의 힘, 권력이 형성된다. 돈키호테가 시종 산초를 데리고 다니는 이유는 산초가 있어야 기사가 되고 권력이 형성된다. 이도령이 시종 방자를, 춘향이가 시종 향단이를 데리고 다니는 이유도 같은 맥락이다.

민주주의의 기본 이념은 인간의 존엄성, 자유, 평등이다. 사람은 누구나 태어난 순간부터 인간으로서 소중한 존재이며, 자신의 의사를 스스로 결정할 수 있는 자유를 가지고 있다. 또한 피부색이나 종교 등에 따라 차별받지 않아야 한다. 평등에는 기회의 평등, 조건의 평등, 결과나 산출에서의 평등이라는 세 가지 주요한 형태가 있다. 기회의 평등은 사회집단 간의 제도나 사회적 위치에 접근할 평등이다. 예를 들어 남녀 공히, 모든 계급 출신의 학생들이 대학에 입학할 수 있는 평등과 같은 것이다. 조건의 평등은 모든 관련되어 있는 사회집단의 삶의 조건에서의 평등, 즉 소득의 평등과 같은 것이다. 조건의 평등을 수반하지 않고 기회의 평등을 극대화하는 것은 불가능하다. 이것은 자본주의가 가진 가장 큰 문제점이도 하다. 왜냐면 모든 사람들이 동일지점에서 출발하는 것이 아니기 때문에 조건의 불평등은 기회의 평등을 방해한다. 마지막으로 결과나 산출에서의 평등은 궁극적인 평등의 시발점으로서, 불평등을 변혁하기 위해 다양한 사회집단에 서로 다른 정책이나 과정을 적용하는 것을 말한다.

다음의 그림을 보자. 이 그림은 러시아의 기하학적 추상미술의 선구자인 카지미르 말레비치Kazimir Malevich의 대표작 『검은 정사각형』이라는 작품이다. '절대주의' 창시자인 말레비치의 『검은 정사각형』은 단순해 보이지만 그 가치만 우리 돈으로 1조 원이 넘는다.

검은 정사각형은 말레비치가 선택한 절대적으로 순수한 형태다. 검은색은 모든 색을 포괄한 색이고, 정사각형은 돌리면 원이 된다. 또한 나누면 직사각형 혹은 삼각형이 되는 근본적 형상이다. 무엇보다 검은 정사각형에는 위계질서가 없다.[40] 불평등이란 존재하지 않는다. 상하좌우의 구별이

● 카지미르 말레비치, 〈검은 정사각형〉, 1915년, 캔버스에 유채, 106.2 ×106.5 ㎝, 상트페테르부르크 러시아국립미술관

없으니 방향의 옳고 그름도 없고, 보는 이가 지식인이든 무지렁이든 '검은 정사각형' 이외에 더 볼 수 있는 것도 없고, 누구나 그릴 수는 있지만, 누구도 다른 이들보다 빼어나게 잘 그릴 수도 없다. 결국 이 그림 앞에서는 만인이 평등해진다.

하지만 미술세계가 아닌 현실의 세계에서 만인의 평등은 없다. 평등은 동등한 발언권을 갖는다. 하지만 보통 가정에서 부모가 대화를 나눌 때 어린 자식이 발언을 하면 "야 너는 지금 몇 살인데 그런 얘기를 하냐?" "네가 낄 자리가 아니야!"라며 무시해 버린다. 이것은 평등에서 어긋나는 행동이다. 이러한 형태는 조직 내 상하관계에서도 쉽게 나타난다.

예를 들어 직원들과 장시간 힘겹게 발언하며 회의를 하고 난 후 결과는 상사 마음대로 결정한다. 사실 결론은 원래부터 정해져 있었다. 그렇다면 왜 직원의 의견을 듣는 걸까? 그것은 요식행위다. 즉 '절차는 민주적이다'라는 것을 보여주고 싶은 거다. 그래야 뒤탈이 없으니깐. 여기서 잊어서 안 되는 것은 부모는 아이를 대상으로, 상사는 부하직원을 대상으로 상전의식이 형성되었다는 거다. 결국은 다음의 결론에 다다른다. '사회적 평등은 무계급성과 동의어가 아니다.' 계급의 정의는 다양하지만 계급의 철폐가 그 자체로서 모든 사회적 불평등을 제거하는 것은 아니라는 것이다.

자고로 인간이 집단생활을 할 때부터 권력과 위계는 존재했다. 지금까지 남용되어 온 탓으로 권력이라는 개념 자체에 악취가 붙어 다니기는 하지만 권력 그 자체는 좋은 것도 나쁜 것도 아니다. 특히 봉건주의적 사고에 의해서 파생된 상·하식으로 신분을 결정하는 풍습으로 더욱 심화되어 우리가 갖는 직업, 남녀 관계, 우리가 운전하는 자동차, 우리가 보는 TV, 우리가 먹는 음식, 우리가 추구하는 희망에 이르기까지 모든 것에 영향을 미치고 있다. 우리는 대부분의 사람들이 생각하는 것보다 훨씬 더 권력의 산물이다.

오죽하면 『뉴욕타임스』는 2018년 4월 14일자 기사에서 권력의 대표 산물인 갑질을 'Gapjil'로 번역하지 않고 그대로 사용하면서 '봉건 영주처럼 행동하는 상급자가 부하직원이나 하청업자를 괴롭히는 행위'라고 설명했을까. 갑질은 2010년 무렵부터 우리나라에서 갑이 을에 대해 권력을 가진 사람이라는 의미로 유행어처럼 사용되기 시작했다.[41] 프랑스의 계몽주의 사상가 볼테르는 "권력이란 내가 선택한 대로 타인을 행동하게 하는 데에 있다."라고 말했다. 이 말을 곱씹어보면 권력이란 정치나 계급, 조직내 상하간에서만 발생하는 것이 아니라 비대칭적 힘의 균형이 발생되면 평범한 사람들의 일상에도 여실히 권력과 상전의식이 행사되어 진다는 것으로 해석할 수 있다.

전 세계에서 한국만큼 권력과 상전의식이 발달한 나라도 아마 드물 것이다. 상대방이 나와는 '급'이 다른 사람임이 암묵적으로 인식되면, 말과 행동, 대우 등이 같은 급의 사람을 대할 때와는 정말 천지차이로 달라지게된다. 상사는 부하를, 고객은 종업원을, 정치인은 수행원을, 부모는 아이를 하인으로 인식하고 권력을 행사한다.

권력이 갑질과 같은 부정적 형태로 작용되면서 많은 사람들이 권력의 쇠퇴를 주장했다. 99퍼센트의 사람들은 돈 많고 권력 있는 1퍼센트의 사람들에게 기만당하고 빼앗기고 착취당한다는 느낌을 지울 수 없다고 주장한다. 그렇다면 그들의 주장처럼 권력이 쇠퇴하면 긍정적 효과가 눈에 띄게 많아질까? 예컨대 유권자들에게 더 많은 선거와 선택권이 부여되고, 사회가 더욱 자유로워지며, 기업들 간에 더욱 치열하게 경쟁하여 소비자들이 다양한 선택을 할 수 있다. 특히 소수 대기업들이 영향력이 낮아지면서 시장 지배력을 마음대로 행사하지 못할수록, 일반 고객에게는 더 좋은 일이 된다. 권력 쇠퇴의 긍정적 효과다.

그러나 권력의 쇠퇴가 마냥 좋은 것만은 아니다. 권력의 쇠퇴가 여러 위험을 수반할 수도 있다는 말이다. 정부가 자국 문제들을 해결하는 데 필요한 결정을 스스로 내릴 힘이 없어지거나, 미국과 같은 강대국 집단이 다양한 국제적 환경문제를 해결하기 위해 신속한 의사결정을 필요로 할 때 더 많은 시간이 걸리고 영향력이 떨어져 근본적인 문제해결이 되지 않을 수 있다. 또한 전통적인 사회의 감시를 피하고 후원자들이 인터넷 공간의 불협화음 뒤에 숨을 수 있는 온갖 종류의 급조된 단체, 기업, 미디어 매체를 길러낸다. 아울러 기업이 부정행위와 경제적 사기를 저지를 수 있는 기회도 더 많아지게 된다. 기회의 평등이라는 악마의 탈을 쓰고.

조직에서는 어떠한가. 조직구성원 간 획일적 평등은 사람들 간에 능력과 기여도가 다른데도 똑같은 대우를 할 수 없으며, 또한 지나치게 평등을 강조하면 개성을 억압하고 창의성이 저해될 수도 있다. 권력의 이러한 특성 때문인지 『권력이동』의 저자이자 미국의 미래학자인 엘빈 토플러Alvin Toffler도 "권력은 좋지도 나쁘지도 않은 그 자체"라고 정의를 내렸다.

그럼에도 불구하고 인간 대부분은 권력을 지향한다. 이스라엘 텔아비브 대학의 연구팀이 350명의 성인을 대상으로 '스스로 느끼는 권력의 정도와 직장', '친구들과의 관계', '낭만적인 사랑의 감정에서 느끼는 행복감'을 조사했다. 직장에서 스스로 권력을 많이 가지고 있다고 생각하는 정도가 가장 높은 사람은 가장 낮은 사람들에 비해 26퍼센트 더 자기 일에 만족하는 것으로 나타났다. 권력이 클수록 자기 욕망이나 성향에 충실해질 수 있어 행복감으로 이끌어주는 것으로 해석할 수 있다. 반면 친구와의 관계에서나 연애관계에서는 권력과 행복감 간에 큰 상관관계가 보이지 않았다.

오른쪽 그래프는 권력의 쇠퇴가 정치와 사회의 안정성과 행복에 끼치는 영향력을 알아보기 위한 것으로 곡선의 왼쪽으로 갈수록 권력이 집중되고, 오른쪽으로 갈수록 권력이 분산되는 것을 뜻한다. 맨 왼쪽에 있는 축의 원점은 권력이 소수의 손에 최대로 집중되고 통제되는 상황에서 시작된다. 이 지점은 봉건 영주, 독재와 독점처럼 사회의 행복 수준이 아주 낮고, 정치와 경제적 삶이 철저히 통제되는 곳이다. 반면 수평축에서 반대쪽(오른쪽) 끝으로 가면 권력이 극도로 분산되고 약해져서 질서가 붕괴되고 무정부 상태를 초래한다. 그래프에서 보듯 권력의 강화나 쇠퇴는 수많은 딜

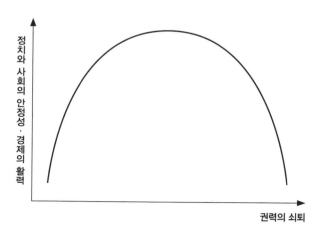

레마를 더욱 심화시킨다. 결국 앞으로 우리가 해결해야 할 과제는 이 곡선이 중앙에 이르는 방법을 찾는 것이다.

인간이 가지는 권력에 대한 욕구는 본능에 가깝다. 역사의 수많은 사례에서 보았듯이, 심지어 자기 자식과도 나누지 않는 것이 권력이라는 말이 있다. 이스라엘 텔아비브 대학의 실험에도 드러난 것처럼 권력은 자신이 원하는 대로 삶을 만들 수 있는 자아실현의 이득을 낳는다.

이는 매슬로우가 주장한 욕구 5단계 중 제일 상단에 위치한 욕구로서 자신이 뜻하는 바를 이루는 단계에 해당된다. 그 욕구는 모든 인간의 일반적 경향 중 하나로 죽음에 이르러서야 멈추는 끝없고 쉼 없이 목적을 추구하는 단계이기도 하다.

무엇보다 인간은 권력을 개인적 가치추구의 결과물이라고 판단한다. 이곳에는 '우리'와 '객관성'은 결여되어 있다. 뒤집어진 U자 곡선처럼 나라의 경제적 이익과 사회적 안정성을 추구하는 보편적 권력을 추구하지 않는다는 것이다. 특히 멸시와 모멸감, 모욕감을 많이 경험함 사람일수록 이러한 현상은 더욱 강하게 나타난다.

그래서일까. 대한민국 사람들이 가장 좋아하는 철학자 니체는 권력을 강력히 옹호하며 매우 긍정적으로 평가한 유일한 사람이다. 니체는 권력을 인간의 자연스런 본성일 뿐, 권력 이외의 것은 아무런 가치가 없다고 주장하였다. 즉 행복, 쾌감, 자유 등 인간에게 좋은 모든 것들은 권력의 달성에서 나오는 것이며, 심지어 모든 사람 그리고 이 세계에 존재하는 전부가 '권력에의 의지'에 불과하다고까지 주장했다.

'권력에의 의지' 즉 권력욕이 터부시되는 이유는 권력의 개념을 타인을 지배하는 힘, 상전의식으로만 인식하고 있기 때문이다. 갑의 행위는 강압적이고 지배적이어서 을의 자유를 억압한다. 그래서 갑을 봉건주의 시대의 영주, 돈키호테를 떠올리며 타인에게 위해를 가하는 이기적인 존재로 여겨진다. 오죽하면 도스토예프스키는 "법 앞의 평등은 프랑스 법정에 출두한 가난뱅이에게 가해지는 인신공격이었다. 법관은 법을 내림으로써 상전의 위치에 점한다."라고 했을까.

마지막으로 권력의 속성 중 우리가 꼭 기억해야 할 것이 있다. 실제 권력과 상전의식은 조직적 직급에 얽매여 있지 않고, 상황에 따라 유동적이라는 것이다. 권력관계가 유동적이라는 설명이 어려워보일지 모르지만, 우리의 일상을 되돌아보면 쉽게 이해된다. A라는 식당 주인이 에어컨을 고치러온 서비스센터 직원에게 험한 말을 하면서 갑질을 하다가 잠시 뒤 그 서비스센터 직원들이 그 식당에 밥을 먹으러 와서 A라는 식당 주인에게 거꾸로 험한 말로 갑질을 한다. 사람은 같지만 에어컨 소비자와 서비스센터 직원 사이에 갑을관계가 있었고, 식당 손님과 주인 사이에 갑을관계가 상황과 시점에 따라 다르게 있었던 것이다. 이해가 어렵다면 군대를 제대한 사람이 예비군 훈련시 군복만 입으면 사람이 어떻게 변화되는지를 생각해보면 된다.

인간 개개인은 기본적인 욕구를 충족한 후에는 강렬한 욕망의 지배를 받지만 그것이 무엇에 대한 욕망인지 정확히 모를 수 있다. 왜냐면 인간은 자신에게는 없지만 다른 사람에게는 있는 것처럼 여겨지는 권력욕이 작용되기 때문이다. 독일태생의 유태인 철학자 한나 아렌트는 그의 저서『인간의 조건』에서 "권력은 늘 잠재적 권력이며, 물리력이나 힘처럼 불변하고 측정 가능하여 의지할 만한 그런 실재가 아니다. 힘이 고립되면 개인에게서 볼 수 있는 자연적 성질인 반면, 권력은 함께 행위를 하는 사람들 사이에서 생겨나 그들이 흩어지는 순간 사라진다."고 했다.

이 말은 곱씹어보면 권력은 영원하고 갑질은 끊이지 않는다는 것이다. 인간의 '마음' 차원에는 항상 상전의식이 존재하기 때문이다. 그래서 결국 남이 하지 않으면 언젠간 당신이 할거니깐.

4

2차 세계대전의 승자가 독일이라면?

인간은 과연 어디까지 전락할 수 있을까? 평범한 일상에서는 절대 알 수 없는 인간의 심연에는 무엇이 도사리고 있는 걸까?

2차 세계대전은 독일이 패배하고 연합군이 승리하며 막을 내렸다. 이게 사실이자 역사다. 하지만 만약 히틀러가 이끈 독일이 승리했다면 어떻게 됐을까? 나치독일이 미국을 점령하고 세계를 정복했다면 위 두 가지의 질문은 무색할 수밖에 없다. 왜냐면 그들의 악한 행동은 역사적으로 정당화되었거나 이유 없이 죽임을 당한 시체들과 묻혀 버렸을 테니깐.

1961년 4월 1일 이스라엘 검찰이 반인륜적인 범죄로 기소한 아돌프 아이히만Adolf Eichmann에 대한 첫 재판이 열렸다. 아이히만은 죽음의 수용소에서 500만 명 학살, 리우차니아 8만 명 학살, 라트비아 3만 명 학살, 벨로루시아 4만5,000명 학살, 우크라이나 7만5,000명 학살, 키에프 3만3,000명 학살 계획 입안 등 총 15가지 범죄 혐의로 기소된 유대인 박해의 실무 책임자었다. 그는 이전 1946년 9월 20일 뉘른베르크에서 전범 재판을 통해 사형이 선고된 적이 있었지만, 독일이 항복한 뒤 미군에 체포된 그는 가짜 이름을 사용해 포로수용소에서 탈출했고, 1950년 가족들과 함께 아르헨티나의 수도 부에노스아이레스로 도주했다.

그는 약 10년 동안 아르헨티나에서 건설사 직원, 유통업체 감독관 등으로 일하며 리카르도 클레멘트라는 가명으로 살았다. 그러다 1960년 그를 추적해 왔던 이스라엘 정보기관 모사드의 정보망에 걸려 납치돼 이스라엘로 압송되어 재판을 받게 되었다.

재판 때 그는 자신의 희생자들에게 어떠한 나쁜 감정도 가진 적이 없었고, 게다가 그는 이 사실을 비밀로 하지 않았다는 자신의 주장을 상당히 긴 시간을 들여 증명하려 했다. 그도 그럴 것이 그의 생모는 그가 열 살 때 사망했고 그의 아버지는 재혼했다. 그가 삼촌이라고 불렀던 그의 양어머니의 사촌은 오스트리아 자동차협회 회장이었으며, 체코슬로바키아의 한 유대인 사업가 딸과 결혼했다. 이 사람이 유대인의 연줄을 통해 아이히만에게 감압정유회사의 외판원 자리를 구해주었다. 아이히만은 적절한 감사를 표명했고, 그가 유대인에 대해 특별히 나쁜 감정을 가져야 할 사적인 이유가 없었다. 뿐만 아니라 그는 유대인에 대한 광적인 증오나, 열광적인 반유대주의나 세뇌교육 가운데 어느 것도 분명한 점이 없었다. 여러 정황을 보아 그는 개인적으로 유대인에게 거부감을 가질 아무런 이유도 없었다.

아니나 다를까 그를 진찰한 여섯 명의 정신과 의사들도 그를 '정상'으로 판정했다. 그들 가운데 한명은 "적어도 그를 진찰한 후의 내 상태보다 더 정상이다"라고 탄식했다. 대법원에서 그의 항소를 들은 후 그를 정기적으로 방문한 성직자는 아이히만이 "매우 긍정적인 생각을 가진 사람"이라고 사람들에게 확인해 주었다.

하지만 그는 자신이 저지른 일에 대해서는 결코 부정하지 않았다. 오히려 그는 "지구상의 모든 반유대주의자들에 대한 경고로 공개적인 교수형을 당하겠다."고 제안했다. 이 말은 그가 무엇을 후회한다는 의미가 아니었다. "후회는 어린아이들이나 하는 것이다."고 그는 말했다.

그가 무죄를 주장한 이유는 당시 존재하던 나치 법률 하에서는 아무런 잘못도 하지 않았고, 그가 기소당한 내용은 범죄가 아니라 '국가적 공식 행위'이므로 여기에 대해서는 어떤 다른 나라도 재판권을 행사할 수 없다는 것이었다. 복종을 하는 것이 그의 의무였고 "이기면 훈장을 받고 패배하면 교수대에 처해질 행위들을 했을 뿐이다."라고 주장했다. 오히려 아이히만은 "자신이 명령받은 일을 하지 않았다면 양심의 가책을 받았을 것."이라고 했다.

명령이 얼마나 구속력이 있었는지 아이히만이 전쟁이 끝날 무렵 자신의 부하들에게 "나는 내 무덤에 웃으며 뛰어들 것이다. 500만 명의 유대인들의 죽음에 내 양심이 거리낀다는 사실이 나에게 대단한 만족감을 주기 때문이다."라고 말하기도 했다. 양심이라는 말에서 배심원들은 아이히만의 허풍을 보았을 뿐 아니라, 일반인이라면 느꼈을 법한 양심의 가책의 징후를 한 번도 발견한 적이 없었다. 그에게는 인간 본연의 양심이 아니라, 제도와 환경, 사회적 여건에 제약된 감정뿐이었다.

칼텐브루너가 그에게 "친위대에 가입하는 것이 어때?"라고 물었을 때, 그는 "그렇게 하지 뭐"라고 대답했다. 큰 고민없이 내린 그의 인생은 단순한 대답에 의해 이루어졌고 그게 전부였다. 그랬던 그가 망명지인 아르헨티나에서조차 계속해서 나치 잔당과 모임을 가졌고, 독일의 청년 세대에게 새로운 반유대주의 독일인의 사명을 부과했다. 그곳에서 그는 1960년 옛 친위대 동료이자 출판업자로 활약하던 빌렘 사센Willem Sasen과 인터뷰를 하면서 자신의 사상과 유대인을 학살한 것에 대해서 자신은 절대로 후회하지 않는다고 이야기했다. 아이히만의 이러한 사상을 잘 드러내는 말을 빌렘 사센에게 다음과 같이 고백했다.

"당신에게 솔직히 말하겠습니다. 1,000만 명의 유대인, 아니 지구상의 모든 유대인을 죽여야만 나와 동료들은 만족했을 것입니다. 그랬어야만 나와 내 동료들이 적을 절멸했다고 말할 수 있었을 테니까요. 난 단순하게 명령을 수행하는 자가 아니었습니다. 만약 그랬다면 난 그저 멍청한 놈에 불과했을 겁니다. 나는 나치당원들과 똑같이 생각했으며, 함께 지구상에서 유대인을 지워버리고 싶었던 이상주의자였습니다."

일반적으로 이상주의는 그 추구하는 이상이 단순히 주관적인 원망願望에 의한 경우와 현실에 기초하여 요구되는 경우가 있는데 아이히만의 이상주의는 이것도 저것도 아닌 그만의 사상이다. 아이히만의 생각에 따르면

'이상주의자'란 단지 어떤 '이상'을 신봉하거나, 또는 도둑질하거나 뇌물을 받지 않는 사람만을 의미하는 것은 아니다. 이상주의자란 자신의 이상을 삶을 통해 실천한 사람이었고, 자신의 이상을 위해서라면 어떤 것, 특히 어떤 사람이라도 희생시킬 각오가 된 사람이었다. 필요하다면 자신의 아버지마저도 죽음으로 보냈을 것이라고 경찰심문에서 말했을 때, 그는 자신이 어느 정도로 강력한 명령을 받고 있었는지만을 말하려 한 것이 아니었다. 그는 자신이 얼마나 완벽한 이상주의자로 살아왔는지를 보여주려 한 것이다. 만일 그 이상이 무엇과 충돌하거나 방해가 된다면 결코 용납하지 않았을 것이다. 그의 이상주의는 관념론이 아니라 실천의 문제였고, 그것도 과격한 실천이라는 점에서 독특했다.

그의 완벽한 이상주의 사상 때문이었을까. 심지어 그는 나치의 명령에만 그치지 않았다. 1945년에 독일의 패색이 깊어지자 친위대 전국지도자였던 하인리히 힘러는 유대인 학살 중지령을 내렸지만 총통의 명령이 아니라는 이유로 아이히만은 이에 따르지 않고 계속 헝가리에서 유대인을 학살하면서 홀로코스트를 지속적으로 수행했다. 이 행동은 후일 이스라엘 법정에서 아이히만이 자발적으로 홀로코스트를 주도 및 수행했다는 결정적인 증거가 되기도 했다.

재판 과정을 지켜본 한나 아렌트_{Hannah Arendt}*는 아이히만은 반유대주의

---

* 독일 태생의 유대인 철학사상가이며 나치를 피해 미국으로 이주하였다. 1,2차 세계대전 등 세계사적 사건을 두루 겪으며 전체주의에 대해 통렬히 비판했다. 사회적 악과 폭력의 본질에 대해 깊이 연구하여《폭력의 세기》,《예루살렘의 아이히만》,《인간의 조건》등을 집필하였다.

이데올로기에 충실하고 나치즘의 사상을 자기 것으로 만든 신념에 찬 나치가 아니었다. 그는 파괴적 이념과 반인간적 정치에 물든 악마적 인간이 아니라 다만 선과 악을 구분할 줄 모르며 관료제적 타성과 인습적 관례를 따른 '명령수행자' 내지 '거대한 기계의 한 톱니바퀴'에 불과했다고 결론을 내렸다. 즉 그는 전체주의에 길들여진, 판단력이 마비된 충직한 관료였던 것이다.

전체주의는 개인이 전체에 귀속되는 구조이기 때문에 개인의 사유 능력과 판단력이 무력화된다. 그리고 이때 말과 언어가 중요한 도구로 활용된다. 재판에서 보여준 아이히만의 언어는 관공서에서 사용하는 상투어와 나치즘의 암호화된 언어들로 가득했는데, 예컨대 강제 추방은 '유대인의 이주 계획', 유대인의 학살은 '최종 해결책'이라고 불렸다. 한나 아렌트는 "말은 우리를 현실과 연결해준다. 나치스가 언어 규칙을 만든 이유는 암호화된 언어를 사용함으로써 사람들의 현실에 대한 감각을 마비시키기 위한 것이었다"라고 말했다.[42] 무엇보다 아이히만은 다른 사람의 처지를 생각할 줄 모르는 생각의 무능을 가지고 있다. 생각의 무능은 말하기의 무능을 낳고 결국 행동의 무능을 낳아 과격한 실천으로 이어진다. 따라서 한나 아렌트는 그의 저서 『예루살렘의 아이히만』에서 개인의 생각을 죽이는 전체주의와 그 언어문화가 악과 선에 대한 판단력을 흐릿하게 하여 '사유의 불능'을 가져왔다는 것을 강조한다. 이러한 점을 통해, 우리는 아이히만 역시 나치가 지배하는 전체주의적 틀 안에서 자신의 사유 능력을 잃어버리고 평범한 악의 잔혹성에 파묻힌 불행한 인간으로 바라본다.

사유의 불능은 시간을 낭비하고 세상에 휘둘리며 소신 있는 삶을 살지 못하게 한다. 확실한 진리를 추구하는 삶을 살기 위해서는 상식을 포함한 모든 지식에 회의적인 태도를 가져야 한다. 무조건 믿지 말고 의심하고 생각하자는 거다. "나는 생각한다. 고로 나는 존재한다"는 르네 데카르트의 태도는 사유의 중심을 신으로부터 인간의 이성으로 이동하게 했다. 한 마디로 나치와 같은 신의 권위를 무너뜨린 거다. 거짓 정보가 넘치고 이상주의자들에게 포장된 채 우리를 유혹하는 오늘날, 자신 뜻대로 철학적 진리를 추구하는 삶은 세상과 타인에게 휘둘리지 않는 삶의 한 방법이 된다. 종교 재판에 끌려가서도 신의 존재를 부정하고 유대인 사회에서 추방되었지만 누구도 원망하지 않고 인간과 신과 사회에 대해 더욱 깊은 사유를 한 스피노자 덕분에 지금은 누구나 당연하게 생각하는 '현대 국가관'이 완성되었다.

21세기를 살아가는 현실의 독일인들은 독재자들을 어떻게 받아들이고 있을까? 2015년 독일에서 올리버 수마치는 히틀러 변장을 하고 한 달 여간 베를린 전역을 돌아다니며 일반 시민들의 반응을 담아 다큐멘터리 영화로 공개했다. 일반 시민들의 반응은 어땠을까? 히틀러가 나타나면 분노와 반감을 나타낼거라 예상했지만 대부분의 사람들은 긍정적이고 편안하게 받아들였다. 외국 관광객은 카메라 세례가 쏟아졌고, 반갑게 악수를 청하며 심지어 한 여자는 안아달라고 요구했다. 60대로 보이는 남자는 분장한 히틀러에게 극진히 예의를 갖추기도 했다. 물론 실제인물이 아닌 가상의 인물이기 때문에 그럴 수 있을 거라 생각하지만 분장한 히틀러를 대하는 사람은 진지했고 어떤 이는 눈물을 보이기도 했다.

사실 피로사회 속 현대인들이 타인은커녕 자신의 영혼도 챙기지 못할 정도로 바쁘게 사는데 남을 배려하고 도덕적 양심을 실천하라는 것은 사치일 수 있다. 특히 유대인 학살이라는 정치적 악의 시대를 덮고 있던 전체주의에 뿌리를 완전히 해체하는 것 또한 쉬운 일은 아니다.

절대 선과 절대 악의 경계가 무너진 사례는 그리스 신화에서도 쉽게 찾아볼 수 있다. 19세기 프랑스의 화가이자 조각가인 장 레옹 제롬Jean Leon Gerome은 신고전주의 양식의 조각적인 구상 회화를 발전시켰으며 신화나 성서, 역사적인 주제를 주로 다루었다. 그 대표적인 작품이 기게스의 반지에 얽힌 이야기를 담고 있는 『칸다우레스 왕』이다.

BC 3,000년 경 리디아에는 3개의 왕조가 있었다. 이 중 둘째 왕조의 마지막 왕이 칸다우레스Candaules인데 그는 나이가 들어 노망이 들었다. 자기 부인인 니시아Nyssia가 세계 최고의 미녀라고 생각한 나머지 창을 나르는 충직한 신하였던 기게스Gyges에게 자기 부인의 알몸을 엿볼 기회를 준다. 가장 흥미로운 것은 그림의 오른쪽 자기 부인의 알몸을 다른 사람이 보고 있다는 사실을 즐기고 있는 왕의 모습이다. 이를 알아차린 왕비는 그를 못 본

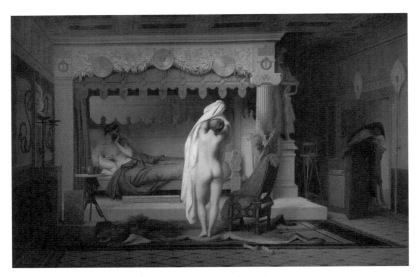

● 제롬, 〈칸다우레스 왕〉, 1859년, 캔버스에 유화, 67.3×99㎝, 파리 루브르 박물관.

체하고, 다음날 기게스를 불러 왕을 죽일 것을 명령한다. 결국 기게스는 왕을 죽이고 왕비와 결혼해서 왕이 되었는데, 이로써 리디아의 둘째 왕조는 무너지게 되었다. 영화같은 이 그림을 보고 있으면 과연 절대적 선과 절대적 악은 무엇인가에 대한 깊은 의문에 빠지게 된다.

이런 의문을 풀기 위해 절대 선과 절대 악의 경계가 무너진 세상에서 인간이 상황에 따라 얼마나 이기적이고 악한 존재인지 다음의 실험을 통해 살펴보자. 미국 스탠퍼드대학 심리학과 필립 짐바르도 교수_{Philip Zimbardo}는 2007년『루시퍼 이펙트_{lucifer effect}』라는 책을 출간했다. 이 책은 인간에게서 표출되는 폭력과 잔인성의 원인과 근거를 사회심리 현상의 관점에서 규명

했다. 주로 대학생들이 참여한 이 실험은 스탠퍼드대학의 지하에 임시로 만든 감옥에서 진행되었는데, 젊고 건강하며 심리적으로 안정된 백인 남학생 70명 중 24명을 뽑아 가짜 교도관 12명과 가짜 죄수 12명으로 배역을 나눠 맡겼다. 일당 15달러를 주기로 하고 최장 2주간의 역할놀이를 하는 것이었다. 하지만 당초 예정했던 2주간의 실험일정을 6일도 못 가서 중단해야만했다. 그 이유는 실험 첫째 날부터 가짜역할을 맡은 학생들이 주어진 상황에 몰입되어 진짜처럼 행동했으며, 특히 교도관 역을 맡은 학생들의 갈등과 잔혹성이 날이 갈수록 거칠어져서 모욕은 물론, 신체적 학대, 실험후유증 등 여러 가지 우려로 멈추게 되었다. 이 실험을 통해서 짐바르도 교수는 폭행과 잔인성을 행하는 자들을 '썩은 사과'로, 잔혹성을 유발시키는 상황과 시스템을 '썩은 상자'로 비유하며 인간폭력성의 근본원인을 '썩은 상자'에 비중을 두었다.

썩은 상자 즉 상황의 중요성, 그것은 개인, 집단, 국가 지도자들의 행동적, 심적 활동에 우리가 생각하는 것보다 훨씬 강력한 영향을 미친다. 어떤 상황은 우리가 감히 할 것이라고는, 할 수 있으리라고는 미처 생각지도 못했던 행동으로 우리를 이끌 정도로 강력하다. 만약 아이히만이 그때 나치 치하의 상황에 노출되지 않았다면, 반대로 당신이 그때의 아이히만이라면 어떻게 했을까. 따지고 보면 우리 모두는 신의 실험실에 있는 기니피그와 다름없다. 원하든 원치 않는 우리는 매일, 매 순간 의도치 않는 상황에 노출되어 있기 때문이다.

그래서 우리는 한나 아렌트의 정치철학에 관심을 가질 필요가 있다. 그녀는 말한다. "아이히만이 평범한 것은 우리가 언제든 그가 될 수 있기 때문이다. 우리 안에는 언제나 아이히만이 있다."

"나는 시키는 대로 했을 뿐이다."는 아이히만만의 중언이 아니다. 국정조사에 출석하여 증언하는 내내 자신은 블랙리스트를 지시한 적이 없다고 부인하는 김기춘에게도 아이히만과 같은 악의 평범성을 느낀다. 아동과 성착취물을 공유한 텔레그램 대화방인 'n번방' 운영자 '갓갓' 문형욱에게도 아이히만과 같은 악의 평범성을 느낀다. 우리 안에는 언제나 썩은 상자를 둘러싼 아이히만이 있다.

결국 아이히만은 1962년 5월 31일 사형이 집행되었다. 죽음이 완전히 두렵지 않았던 것은 아니었는지, 그는 사형을 당하기 며칠 전 이츠하크 벤츠비 당시 이스라엘 대통령에게 자신은 하수인일 뿐이라면서 교수형을 면하게 해달라고 탄원서를 보냈다. 사형은 당시 서양의 관례대로 사복을 입고 집행하였고 대중에게는 공개되지 않았으나, 참관인들의 참석이 허용되었고 유언은 다음과 같다.

"독일 만세, 아르헨티나 만세, 오스트리아 만세! 나는 나하고 연고가 있는 이 세 나라를 결코 잊지 않을 것이다. 나는 전쟁 규칙과 정부 명령에 따랐을 뿐이다. 나는 준비되었다."

인류 역사상 가장 최악의 시나리오는 2차 세계대전에서 연합군이 패배하고 독일이 승리했다면 악의 평범성은 국가적 공식 행위로 격상되었을 것이고 아이히만은 명예 훈장을 받았을 것이다. 그리고 역사는 그 상황에 맞게 이상주의자들에게 흘러 들어갔고, 왜곡된 사상은 그들로부터 흘러나왔을 것이다. 독일 만세를 외치며….

5

명작의 조건

1997년 출간된 존 크라카우어Jon Krakauer의 『희박한 공기 속으로』는 50살의 사업가 벡 웨더스, 산에 미친 청년 앤디 해리스, 우체국에 야근하며 등반 비용을 모은 더그 한센 등 12명이 세계 최고봉 에베레스트를 목표로 등반하던 중 사고로 목숨을 잃게 되면서 일어나는 인간의 열정과 비탄을 묘사한 재난 소설이다. 존 크라카우어의 소설뿐만 아니라 『인투 더 스톰』, 『지오스톰』, 『샌 안드레아스』, 『그래비티』 등 역시 재난 영화를 소재로 다뤘다. 매년 수없이 탄생되는 재난 영화나 소설에 끌리는 이유가 무엇일까? '설마 저 정도로 끝나지 않겠지?'라며 상황이 더욱 잔혹하게 진행되기를 기대하고 있지는 않는가?

물론 언제나 우리의 바람대로 상황은 더욱 나빠진다. 그렇다면 우리가 재난 상황을 보면서 소설이나 영화에 빠져드는 이유가 그저 다른 사람들의 불행을 보는 게 기뻐서 일까? 타인의 불행이 곧 당신의 행복이기 때문인가? 주인공이 불행할수록 재미와 긴장감이 더해지기 때문일까? 아니면 당신의 내면에 억제되어 있던 불행과 염려에 대한 불안감을 인정하고 해소함으로써 카타르시스를 느끼기 위함일까? 물론 그런 이유도 있겠지만 우리가 재난 이야기에 열광하는 진짜 이유는 극한의 상황에서 첨예하게 드러나는 도덕적 선택 문제 때문이다.

명작은 불편하게 느껴지는 도덕적 갈등이 항상 존재한다. 도덕적 갈등과 그 판단을 요구하지 않는 재난 이야기는 속빈 강정이 되기 쉽다. 극도의 긴장감과 숨 막히는 3D 효과가 있더라도 도덕적 판단이 요구되는 상황이 없거나 빈약하면 그것을 명작이라고 표현하지 않는다.

그리스 감독 요르고스 란티모스Yorgos Lanthimos의 영화『킬링 디어The Killing of a Sacred Deer』는 극한의 상황에게 인간의 이기심과 도덕적 본질이 드러난다. 영화의 줄거리는 다음과 같다. 성공한 외과의사로 심장전문인 스티븐은 수술 전 두 잔의 술을 마신 탓에 마틴의 아버지를 사망에 이르게 했다. 따라서 수술한 스티븐은 자신의 행동에 책임을 지고, 희생의 대가를 치러야 한다. 대가를 처벌하는 자는 소년 마틴이다. 모든 정황이 소년 마틴에 의해 스티븐의 가정이 파괴되었다고 생각되지만 마틴은 어떠한 행동도 직접 하지 않는다. 그러나 소년 마틴은 예언을 했고 실제 그 예언대로 과학으로 설명할 수 없는 일들이 일어난다. 스티븐 가족은 안과의사 아내인 안나와 딸 킴, 그리고 아들 밥으로 구성되어 있으며 이들은 각자의 역할과 정해진 규율을 유지하면서 비교적 행복한 삶을 살고 있었다. 하지만 스티븐

이 어느 한 식당에서 소년 마틴을 만나면서 알 수 없는 일들이 벌어진다. 결국 아들 밥은 갑자기 하반신 마비가 되어 걷지 못하는 상태에 이른다. 이런 일을 이미 알고 있었다는 듯이 소년 마틴은 스티븐을 찾아가 아무렇지도 않게 이야기를 한다.

"선생님이 제 가족을 죽이셨으니 선생님 가족 중 한 명도 죽어야 균형이 맞죠. 누굴 죽여야 하는지 알려드릴 수 없어요. 그건 선생님이 결정하셔야 해요. 만약에 죽이지 않는다면 모두 병들어 죽을 거예요. 첫 번째로 수족이 마비되며 두 번째는 먹는 걸 거부해서 기아 상태에 이르며 세 번째로 눈에서 피가 나오고 네 번째로 죽을 거예요"

그리곤 의미심장한 한마디를 더한다. "세 번째 단계인 눈에서 피가 나면 죽을 때까지 몇 시간 남지 않는다는 것을, 그러나 선생님은 병들지 않을 겁니다."라고 말한다. 딸 킴도 합창단에서 노래를 부르다가 하반신 마비가 되어 쓰러지면서 병원에 실려 온다. 스티븐은 아내, 딸 킴 그리고 아들 밥 중 정말 누구를 죽여야 이 악몽 같은 일을 끝낼 수 있을까?

'도덕적 갈등이 명작을 만든다'는 개념을 뒤집어 해석해보면 현실에서 극한 상황은 인간이 도덕적 존재인가를 판단하는 기준이 된다. 그 기준은 숨겨진 '본질적 자아'이자 '정체성'이다. 2018년 10월 대한민국 갑의 민낯을 보여준 양 회장은 폭행과 강요, 정보통신망법 위반, 마약 투약, 횡령 등의 혐의를 받고 인생 최대의 위기에 봉착했다. 극한의 상황에 몰린 양 회장은 임원을 불러 이 사건으로 구속되는 직원에겐 3억원, 집행유예를 받은 직원에겐 1억원을 주고, 벌금이 나온 직원에겐 두 배로 보상하며, 소환조사를 당한 직원에겐 한 번 소환될 때마다 1,000만원씩 주겠다고 말했다.

이 행위가 양 회장의 본질적 자아이자 정체성이다. 하지만 이러한 행위가 무턱대고 나온 것이 아니다. 2008년 반부패활동 NGO단체인 한국투명성기구가 전국의 중고생 1,100명을 대상으로 실시한 반부패인식지수 조사의 주요 내용을 보면 놀라지 않을 수 없다. '정직하게 사는 것보다 부자가 되는 것이 더 중요하다고 생각한다'는 질문에 32퍼센트가, '나를 더 잘살게 해줄 수 있다면 지도자들이 불법행위를 해도 괜찮다'는 질문에 43퍼센트가 찬성했다. 더욱 놀라운 항목은 '나는 감옥에서 10년을 살아도 10억원을 벌 수 있다면 부패를 저지를 수 있다'는 질문에 18퍼센트가 찬성했다. 재난영화가 그렇듯 문제는 찬성의 비율이 시간이 지나면서 점점 더 높아져 간다는 것이다. 극한에 몰린 중고생이 이미 현실을 인지하고 어차피 불행한 인생이니 돈이라도 한 몫 챙겨보자는 심리일까.

중세의 사상가들은 인간을 가장 폭력적이고 파괴적인 행위로 만드는 행위를 '쿠피디타스cupiditas'라고 부른다. 단테는 이를 '늑대의 죄sins of the wolf'라고 보았다. 쿠피디타스는 권력과 돈으로도 채울 수 없는 깊고 깊은 블랙홀이 자신의 마음속에 있는 상태를 말한다. 이런 치명적인 질병에 걸리게 되면 자신 외의 모든 것은 자신이 이용할 수 있거나 자신의 것으로 만들 수 있을 때만 가치를 느낀다. 오로지 자신만을 유일한 선이자 스스로를 가두는 감옥으로 만들게 된다. 결국 자기중심적 현실이라는 감옥에서 스스로 죄수이자 간수가 되는 셈이다. 안타깝지만 양 회장은 자신을 늑대의 죄로 스스로를 감옥에 가두어버린 죄수이자 간수가 되어버렸다.

미술계에서 인간 내면의 진실과 도덕성을 신랄하게 드러내게 된 계기는 18세기 말에서 19세기 중엽에 일어난 '낭만주의romanticism' 사조다. 18세기에 주요한 유럽 국가들은 17세기 프랑스에서 확립된 고전주의를 일반적으로 계승함과 동시에 이성理性을 인식의 유일한 수단으로 삼은 계몽주의의 지배를 받았다. 고전주의는 보편절대적인 미의 관념에 입각하여 엄격한 규칙을 세우고 복잡보다 간명簡明함을, 동적인 것보다 정적인 것을, 노골적인 것보다 우아함을, 파격보다 균제均齊*를 중시하는 귀족문화였다. 그러나 18세기 중엽이 되면서 절대왕정의 이완 및 부르주아지의 발흥과 함께 인간을 있는 그대로 보려는 욕구가 분출하는 한편, 계몽주의 그 자체에서도 이성에 의한 비합리적인 면이 드러나자 지금까지 경시되었던 감각현상들에서 인간성의 진실을 새로운 문화적 원천을 찾으려는 기운이 일어났다. 이 무렵에 일어난 1789년의 프랑스혁명은 사람들의 마음에 환멸감을 일으켰다.

낭만주의는 고상한 인간성을 표현하는 고전적 이상주의를 포기하고 일상의 삶 속에서 겪는 극단적 감정, 기쁨과 환희, 사랑과 애증, 죽음, 절대적 이기주의, 광기, 자살 등과 연관된 인간의 행위를 여과 없이 표현했다. 낭

---

* 상칭(相稱)이라고도 하며, 미술용어로는 좌우 또는 상하로 동일한 형상의 상사(相似)형의 한 짝이라는 뜻이다.

만주의 선구자로 프랑스의 테오도르 제리코Theodore Gericault를 들 수 있는데,
그의 대표작인『메두사의 뗏목』을 살펴보자.

『메두사의 뗏목』은 실제 일어났던 충격적인 사건을 바탕으로 그린 그림
이다. 메두사는 프랑스와 식민지였던 세네갈 사이를 운항하던 정기선의 이
름이다. 1816년 세네갈로 향하던 메두사호는 아프리카 해안에서 모래톱에
부딪혀 좌초하며 첫 출항길에 침몰하게 되었다. 당시 이 배에 타고 있었던
사람은 4백여 명이었는데 살아남은 사람은 149명이었다. 생존자들은 배의
잔해로 뗏목을 만들었고 이를 보트에 연결했다. 하지만 선장과 장교들은

● 테오도르 제리코, 「메두사의 뗏목」, 1819년, 캔버스에 유화, 491×716cm, 파리 루브르 박물관.

보트의 힘만으로 뗏목을 끄는게 힘들다고 판단하고 줄을 끊고 달아나 버렸다. 망망대해에 버려진 이들은 구조선이 오기만을 기다릴 수밖에 없는 처지가 되었다.

이 뗏목에는 마실 것도 먹을 것도, 또 방향을 잡을 키도 없이 15일 동안이나 무작정 바다를 떠다니게 된다. 이후 이 뗏목의 생존자는 15명으로 줄어들었다. 갈증과 질병으로 모두 물귀신이 되었다. 시체들은 태양열에 바짝 타들어가고 있었고, 심하다 못해 역한 냄새를 품어내고 있었다. 살아있다 한들 굶주림과 갈증으로 해골처럼 야윈 얼굴이었으며, 피부는 죽은 동물가죽보다 더 더러움으로 오염되었다. 보다 견딜 수 없는 것은 옆의 동료가 언제 살인마로 둔갑하여 자신의 머리에 도끼를 들이댈지 모르는 죽음의 공포다. 굶주림과 갈증을 이기지 못해 동료의 인육과 피를 입에 넣었다. 망망대해를 떠다니는 이 뗏목은 살인과 죽음의 공포로 인해 도덕과 선이 지배하는 인간의 세상이 아니었던 것이다. 표류 15일째 이들은 같이 출항했던 아르귀스호에 의해 극적으로 구조된다. 살아남은 이들은 모두 10명이지만 그들 모두 그 두려웠던 시간의 충격을 이기지 못해 정신 이상 증세를 보였다.[43]

간절한 열망이 냉정한 현실 속에서 좌절되고 버려졌을 때, 또는 죽음만

---

* 윌리엄 버틀러 예이츠(William Butler Yeats : 1865년 6월 13일 ~ 1939년 1월 28일)는 아일랜드의 시인이자 극작가로 1923년 노벨 문학상을 수상했으며, 노벨 위원회는 "고도의 예술적인 양식으로 전체 나라의 영혼을 표현한, 영감을 받은 시"라는 평가를 남겼다. 아일랜드 사람으로는 처음으로 노벨상을 받았다.

이 유일한 희망일 때 인간의 숨겨진 자아와 정체성은 절대적 이기주의와 어두운 욕망으로 변질되어 돌아온다. 참고로 제리코는 『메두사의 뗏목』이후, 이렇다할 작품을 그리지 못했다. 아마도 인간의 죽음, 고통, 살인, 희망이 없는 미래 등의 이미지를 재현하기 위해 인체와 사체를 수 없이 스케치하고 정신병원을 찾아가 환자들까지 관찰하면서 인간의 철저한 이기주의에 환멸을 느낀 것은 아니었을까.

극한의 상황에서 숨겨진 자아와 정체성은 20세기 초 영국의 물질주의가 지배하던 사회를 상징적으로 묘사한 시인 윌리엄 버틀러 예이츠*의 『재림 The Second Coming』에서도 드러난다.

매는 점점 더 넓은 원을 돌면서 돌고 도느라

매사냥꾼의 소리를 듣지 못한다.

모든 건 산산이 흩어지고, 중심은 버텨내지 못한다.

온 세상이 완연한 혼돈에 빠져들고

피로 물든 조수가 밀려들면서 도처에

순수의 의식儀式은 익사한다.

영국의 소설가 윌리엄 골딩William Gerald Golding은 『파리대왕』을 통해 인간의 이기적 일면을 더욱 교묘하게 드러낸다. 그가 『파리대왕』을 집필할 때는 제2차 세계대전이 종료된 이후였다. 전쟁을 경험하기 전 그는 인간의 본

성은 선하며, 이러한 인간은 계속해서 그 본성을 발전시켜 더 나은 세계를 만들어 나갈 것이라는 신념을 가지고 있었다. 그러나 전쟁이라는 극한의 상황은 그런 인간을 벼랑 끝으로 몰아세웠으며 그들에게 숨겨진 이기성과 사악한 본성을 드러나게 하였다. 이러한 상황으로 인해, 그는 『파리대왕』을 통해 인간 사회의 문제점과 그로 인한 파멸은 사회적인 외적 원인이라기보다는 내적인 본성의 결함으로 인해 발생한다는 주장을 밝히고자 했다. 또한 그 제목에서 드러나듯이 인간은 살아가면서 끊임없이 파리들을 끌어들인다는, 곧 악으로 세상에 부정적인 영향을 미친다는 것을 이 작품을 통해 말하고 있다.

소설의 내용은 소년들을 실은 비행기가 인적 없는 열대섬에 추락하는 것으로부터 시작된다. 처음에 아이들은 나름대로 회의를 하면서 자신들이 이 섬에서 살아나갈 방법과 어떻게 구조되어야 할지에 대해 이성적으로 토론하고, 규칙을 만들어 나간다. 그러나 시간이 지남에 따라 아이들 사이에도 분열이 생기게 되고, 이성적인 본래의 규칙들은 무시되기 시작한다. 작품에서 이성은 곧 '소라'로 묘사되는데, 이는 소년들이 처음 무인도에 추락했을 때 발견한 것으로 지도자인 랄프가 아이들을 결집시키는 질서와 권위를 담당하는 것이었다. 무인도에의 체류 기간이 늘어갈수록 랄프에 대한 적대감을 가지게 된 잭은 소라가 더 이상 쓸모없다고 선언하며 아이들을 불러 모아 야만적인 축제를 자행하고, 문명으로부터 점점 더 멀어진 모습을 보인다. 내재되어 있는 악한 본성이 조금씩 드러나기 시작한 아이들은 급기야 무서워했던 사냥도 잔인하게 저지르고, 결국 같이 있는 아이들마저도 죽일 정도로 이성을 상실한다. 같이 지내던 아이를 죽이고도 축제에 가담하여 유희를 즐기는 다른 아이들의 모습, 심지어 지도자였던 랄프까지 이에 가담한 모습을 통해 인간 내면에 잠재되어 있는 이기적이다 못해 악한 본성의 모습이 적나라하게 드러난다. 마지막에 잭 일당은 계속해서 의견 대립이 나타나는 랄프, 그들의 지도자였던 아이를 죽이고자 섬 전체에 불을 지르게 되고, 랄프는 도망치는 중에 자신들을 구하러 온 해군 장교를 발견하고 눈물을 흘리게 되며, 다른 아이들도 같이 눈물을 흘린다. 그들이 얼마나 문명에서 멀어졌는지, 그들의 모습이 얼마나 악한 것이었는지를 깨달으며 눈물을 흘린다. 무엇보다도 과거의 순수했던 어린 모습에 대한 상실을 온몸으로 느낀 그들은 눈물을 통해 그간의 모습들을 돌아보게 된다.[44]

'파리대왕'은 문명과 야만의 대립구도를 랄프와 잭을 통해 적나라하게 보여준다. 하지만 문명세계에 있다고 해서 야만과 사악함이 제거됐다고는 볼 수 없다. 오늘날 우리의 삶도 한 편의 재난 영화나 소설과 같다. 서로 추구하는 가치를 쟁취하기 위해 전쟁에 가담하는 것처럼 말이다. 오히려 우리 사회엔 랄프와 잭의 모습을 한 더 많은 야만이 숨어 있다.

'파리대왕'은 고대 유대인이 사용한 언어인 헤브루어Hebrew language로 '곤충의 왕' 또는 '악마'를 상징한다. 부패되어 파리가 잔뜩 앉은 멧돼지 머리를 '파리대왕'으로 신격화시키는 잭의 무리처럼, 우리 사회에서도 우리들이 만들어 놓은 '파리대왕'은 없는지 생각해봐야 한다. 무엇보다 확실한 사실은 현실에서 '파리대왕'이 명작을 만들어내지는 못한다는 것을!

참고문헌

1) 안희곤, 호모 쓰레기쿠스, 2018.07.22, 경향신문.

2) 국제에너지기구 (2002), World Energy Outlook, Vienna : IEA.

3) Alish Coleman-Jensen et al., "Household Food Security in the United States in 2010," USDA-ERS Economics Research Report 125(2011).

4) 보스하르트, 다비트 (2001), 소비의 미래, 생각의 나무.

5) 크리스티앙 들라캉파뉴 (2002), 현대판 노예노동을 끝내기 위한 노예의 역사, 예지.

6) Jean-Jacques Rousseau (2006), Theories of Social Contract, ㈜신원문화사.

7) Benedict Anderson, Imagined Communities, London / New York, 1983/1991, s.6.

8) Martha C. Nussbaum (2005), Hiding from Humanity, 2005, Princeton.

9) Michael Tomasello (2009), 이기적 원숭이와 이타적 인간, 이음.

10) 장 폴 사르트르 (2004), 시선과 타자, 살림.

11) Yuval Noah Harari (2017), Homo Deus, 김영사.

12) 미야 도쿠미츠 (2016), 열정 절벽-성공과 행복에 대한 거짓말, 와이즈베리.

13) 윌리엄 셰익스피어 (2001), 오셀로, 제3막 제4장 160~162행, 에밀리아 대사 중, 민음사.

14) Sigrid Engelbrecht (2011), 질투의 민낯, 팬덤북스.

15) Robert L. Heilbroner (2010), The making of economic society, 미지북스.

16) 주간경향, [북리뷰] 자본주의-가난과 빚에 쪼들리는 8억명의 인도인, 2018.5.14., 주간경향 1276호.

17) Plato, The Republic I, trans. Paul Shorey(Cambridge: Harvard University Press, 1930), 359a-b.

18) Thaler, Richard H. (1980), "Toward a Positive Theory of Consumer Choice," Journal of Economic Behavior and Organization, 1, 39~60.

19) David Krueger & John David Mann (2011), The secret language of money, 시아.

20) 성제환 (2013), 피렌체의 빛나는 순간, 문학동네.

21) 세르주 브람리 (1998), 르네상스의 거장 레오나르도 다 빈치, 한길아트.

22) Ross, Lives of Early Medici as Told in Their Correspondence, Cornell University Press, 1910, p. 4.

23) 팀 팍스 (2005), 메디치머니, 청림출판.

24) 마가렛 애트우드 (2002), 시녀이야기, The Handmaid's tale, 황금가지.

25) 권기석, 저출산 정책이 효과 못내는 이유, 국민일보, 2018.7.16.

26) 시사저널, 2030세대 의식조사, 2013.12.31.

27) https://m.post.naver.com/viewer/postView.nhn?volumeNo=15674976&memberNo=37685217&vType=VERTICAL

28) Manson, Mark, The Subtle Art of Not Giving a F*ck A Counterintuitive Approach to Living a Good Life, 2016, Harperone.

29) http://news.donga.com/3/all/20181022/92530511/2.

30) http://www.slate.com/blogs/xx_factor/2013/10/11/pew_online_viewing_study_percentage_of_women_who_watch_online_porn_is_growing.html.

31) Seth Stephens-Davidowitz (2017), Everybody Lies, 더퀘스트.

32) Stuart Sutherland (2008), Irrationality, 교양인.

33) http://news.khan.co.kr/kh_news/khan_art_view.html?artid=201803252111035&code

34) 이 글은 처음 『길벗들의 대상(1983)』라는 제목으로 나왔고, 다시 『길벗들의 대화(1994)』, 『열린 종교를 위한 단상(1996)』, 『예수가 외면한 그 한 가지 질문(2002)』, 『종교란 무엇인가(2012)』에 나왔다.

35) The Negative Association between Religiousness and Children's Altruism across the World.

36) 디모데전서 4 : 7.

37) 황혜진 (2005), 영화로 보는 불륜의 사회학, 살림.

38) 데이비드 버스 (2007), 욕망의 진화, 사이언스북스.

39) http://biz.chosun.com/site/data/html_dir/2018/02/02/2018020200887.html.

40) 우정아의 아트 스토리 (2014), 검은 정사각형에 구현한 절대, 조선일보.

41) 모기룡 (2018), 나는 왜 지배받는가, 반니.

42) 한나 아렌트 (2006), 예루살렘의 아이히만, 한길그레이트북스.

43) 제리코의 「메두사의 뗏목」, 테마로 보는 서양미술, 2005. 4. 10., ㈜살림출판사.

44) 윌리엄 골딩(1954), 파리대왕, 민음사 세계문학전집 19, 내용요약.